当代中国科普精品书系
山石水土文化丛书

中国科普作家协会
中国科学院院士刘
倪集众

仁者乐山
藏龙卧虎的山文化

张欢 蒋玺 ◎编著

科学普及出版社
·北京·

图书在版编目（CIP）数据

仁者乐山：藏龙卧虎的山文化 / 张欢, 蒋玺编著.
—北京：科学普及出版社, 2019.9
（当代中国科普精品书系. 山石水土文化丛书）
ISBN 978-7-110-09616-1

Ⅰ.①仁… Ⅱ.①张…②蒋… Ⅲ.①山—文化—中国—通俗读物 Ⅳ.① K928.3-49

中国版本图书馆 CIP 数据核字 (2017) 第 173058 号

策划编辑	许　慧
责任编辑	杨　丽
责任校对	蒋宵宵
责任印制	李晓霖
版式设计	中文天地

出　　版	科学普及出版社
发　　行	中国科学技术出版社有限公司发行部
地　　址	北京市海淀区中关村南大街 16 号
邮　　编	100081
发行电话	010-62173865
传　　真	010-62173081
投稿电话	010-62176522
网　　址	http://www.cspbooks.com.cn

开　　本	720mm×1000mm　1/16
字　　数	215 千字
印　　张	13.75
版　　次	2019 年 9 月第 1 版
印　　次	2019 年 9 月第 1 次印刷
印　　刷	北京瑞禾彩色印刷有限公司
书　　号	ISBN 978-7-110-09616-1 / K·154
定　　价	68.00 元

（凡购买本社图书，如有缺页、倒页、脱页者，本社发行部负责调换）

《当代中国科普精品书系》总编委会成员

（以姓氏拼音为序）

顾　　问：王麦林　章道义　张景中　庄逢甘
主　　任：刘嘉麒
副 主 任：郭曰方　居云峰　王　可　王直华
编　　委：白　鹤　陈芳烈　陈有元　方　路　顾希峰　郭　晶
　　　　　郭曰方　何永年　焦国力　金　涛　居云峰　李桐海
　　　　　李新社　李宗浩　刘嘉麒　刘泽林　刘增胜　倪集众
　　　　　牛灵江　彭友东　任福君　孙云晓　田如森　汪援越
　　　　　王　可　王文静　王直华　吴智仁　阎　安　颜　实
　　　　　殷　晧　尹传红　于国华　余俊雄　袁清林　张柏涛
　　　　　张增一　郑培明　朱雪芬

《当代中国科普精品书系》

序

刘嘉麒

  普及教育，普及科学，提高全民的科学素质，是富民强国的百年大计，千年大计。为深入贯彻科学发展观和科学技术普及法，提高全民科学素质，中国科普作家协会决心以繁荣科普创作为己任，发扬茅以升、高士其、董纯才、温济泽、叶至善、张景中等老一辈科普大师的优良传统和创作精神，团结全国科普作家和科普工作者，调动各方面积极性，充分发挥人才与智力资源优势，推荐或聘请一批专业造诣深、写作水平高、热心科普事业的科学家、作家亲自动笔，并采取科学家与作家相结合的途径，努力为全民创作出更多、更好、水平高、无污染的精神食粮。

  在中国科协领导的指导和支持下，众多作家和科学家经过三年多的精心策划，编创了《当代中国科普精品书系》。这套丛书坚持原创，推陈出新，力求反映当代科学发展的最新气息，传播科学知识，倡导科学道德，提高科学素养，弘扬科学精神，具有明显的时代感和人文色彩。该书系由15套丛书构成，每套丛书含4~10部图书，共约100余部，达2000万字。内容涵盖自然科学和人文科学的方方面面，既包括太空探秘、现代兵器等有关航天、航空、军事方面的高新科技知识，和由航天技术催生出的太空农业、微生物工程发展的白色农业、海洋牧场培育的蓝色农业等描绘农业科技革命和未来农业的蓝图；也有描述山、川、土、石，沙漠、湖泊、湿地、森林和濒危动物的系列读本，让人们从中领略奇妙的大自然和浓郁的山石水土文化，感受山崩地裂、洪水干旱等自然灾害的残酷，增强应对自然灾害的能力，提高对生态文明的认识；还可以读古诗学科学，从诗情画意中体会丰富的科学内涵和博大精深的中华文化，读起来趣味横生；科普童话绘本馆会同孩子们脑中千奇百怪的问号形成一套图文并茂的丛书，为天真聪明的少年一代提供了丰富多彩的科学知识，激励孩子们异想天开的科学幻想，是启蒙科学的生动画卷；创新版的十万个为什么，以崭新的内容和版面揭示出当今科学界涌现的新事物、新问题，给人们以科学的启迪；当你《走进女科学家的世界》，就会发现，这套丛书以浓郁的笔墨热情讴歌了十位女杰在不同的科学园地里辛勤耕耘，开创新天地的感人事迹，为一代知识女性树立了光辉榜样。

　　科学是奥妙的，科学是美好的，万物皆有道，科学最重要。一个人对社会的贡献大小，很大程度取决于对科学技术掌握运用的程度；一个国家，一个民族的先进与落后，很大程度取决于科学技术的发展程度。科学技术是第一生产力这是颠扑不灭的真理。哪里的科学技术被人们掌握得越广泛越深入，那里的经济、社会就会发展得快，文明程度就高。普及和提高，学习与创新，是相辅相成的，没有广袤肥沃的土壤，没有优良的品种，哪有禾苗茁壮成长？哪能培育出参天大树？科学普及是建设创新型国家的基础，是培育创新型人才的摇篮，待到全民科学普及时，我们就不用再怕别人欺负，不用再愁没有诺贝尔奖获得者。相信《当代中国科普精品书系》像一片沃土，为滋养勤劳智慧的中华民族，培育聪明奋进的青年一代，提供丰富的营养。

《山石水土文化丛书》

前言

一

　　看到"前言"的题目似乎与读者拿在手上的《山石水土文化丛书》中的任何一册的内容都不搭界。且待我慢慢说来。

　　什么是"地球科学文化"？

　　先说地球科学。它是探讨地球的形成、发展和演化规律，及其与宇宙中其他天体关系的科学。它的研究范围上涉宇宙空间，下及地球表面以至地球核部的所有物理的、化学的和生物的运动、性状和过程。在三四百年的发展历史中，地球科学经历了初期的进化论阶段、中期的板块构造论阶段和近期的地球系统科学阶段；这个崭新的地球系统科学的阶段无论从科学发展还是人类社会发展的角度，都要求人们将地球作为宇宙巨系统中的一个子系统来研究，要求从可持续发展的角度对待自然界。它与前面两个阶段最大的区别，就在于要竭力打造新型的地球科学文化观。

　　"文化"广义而言就是人类社会所创造的物质财富、生活方式和精神理念的总和；生活方式是指人与自然界之间的相互作用过程，精神和理念则包括人的世界观、人生观，以及处理人与人之间、人与社会群体之间、人与自然界之间关系的方式和准则；从狭义来说，文化是人类的意识形态对自然界和社会制度、组织机构、生活态度的反馈，是人的智慧、思想、意识、知识、科学、艺术和观念的结晶。一言以蔽之，"文化"就是以文学、艺术、科学和教育的"文"来"化"人。

由此看来，地球科学知识本身也是一种文化。但是，纯粹的地球科学知识的"结晶体"中如果缺少了文化元素，也就失去了"灵魂"和精神、理念的支柱，危机便由此而生。新的地球科学文化观要求我们建立新的地球观、宇宙观、人生观以及资源不可再生意识、环境保护意识、水资源意识、土地意识、海洋意识、地质灾害意识、地质遗迹保护意识和保存地质标本及图书珍品的意识，因为这些理念和意识的建立与深化直接影响到人生观和世界观。其基本目标是人与自然的协调和人类社会的科学发展之路。

世纪之交所孕育的地球系统科学，使地球科学成为二十一世纪与人类社会发展关系最密切、最重要、最伟大和最具发展空间的一门科学。

自从人类登上地球"主宰者"的宝座以来，思想上形成了一套定式思维：我是地球的主人；征服自然是人类的使命。可是，当历史的时针走到二十世纪后叶的时候，这种思维遇到了不可逾越的障碍——文化；不是说文化阻挡了人类征服地球的企图，而是人类自己的行为造成的种种危机向人类提出了警告：水危机、土地危机、粮食危机、资源危机已经危及人类的生存，这种危机实质上就是文化的危机，是机械的世界观和方法论出了毛病，是定式思维引发人与自然、人与社会、人与人之间矛盾的总爆发。

二十世纪七八十年代，地球科学家首先看到了这一点，社会上有识之士也看到了这一点。

于是，地球系统科学将研究的对象系而统之地扫入了自己的研究领域，产生了意识、思想和理念等文化元素的地球科学文化，将自然科学与人文科学、社会科学联姻，引导地球上所有的"球民"自觉地、文化地对待地球。这种文化是人类认识、理解、开发和利用地球的指导方针，是调整人与自然关系的准则，是人类在社会实践过程中积累的精神成果和物质成果。

这就是地球科学文化产生的社会、历史和文化背景。

二

笔者在数十年的科研、科技管理和科普工作中，深切地感到我们工作的"软肋"不仅在于数量不足和普及面窄，也不完全在于科普投入量少和手段的落后，而是在于质量和内容上明显的"扬自然科学，抑人文科学""重知识传播，轻科学精神和科学方法宣传"的倾向。深感应将科普工作的目标定位在自然科学与人文科学的结合面上，促进人生观、世界观和理念的更新；应同时注重机制创新、内容创新和形式创新并举，明确没有文化意义上的素质是空洞的、不能实践的，因而也是虚假的"素质"。

作为地球科学工作者，义不容辞的职责是在深化科学研究的同时，普及科学知识，宣传科学方法，树立科学理念，弘扬科学精神，走出一条地球科学文化的创新之路。这也就是我们决心撰写一套融地球科学知识于文化之中的科普丛书的初衷。早在二十世纪末，笔者就开始构思这样一套书。虽因种种原因而时常"搁浅"，但编辑一套《地球科学文化丛书》的想法始终"耿耿于怀"：总希望山文化、石文化、水文化和土文化有那么一天化成文字，走进千家万户。2008年年初，这一夙愿终于见到了"曙光"：这一设想被列入了中国科普作家协会《当代中国科普精品书系》计划之中。真是"十年磨一剑"！在他们热情的支持和指导下，编辑出版工作顺利开展。

现在诸位看到的这套讲述山文化、石文化、水文化、土文化和赏石文化的丛书，仅仅是向读者介绍地球科学文化的一个侧面，远远不是地球科学文化的全部，我们只是想通过自然界最常见、最习以为常的山、石、水、土中的文化元素，来显现地球科学文化的"冰山一角"。

最后还有两点希望：一是我们这个写作团队的成员都是自然科学"出身"，撰写过程中深感从自然科学知识分析其文化内涵颇有难度，常常是心有余而力不足；但这毕竟是我们自己知识层面上一次"转型"的尝试，希望能听到读者和文化界行家的批评指正。二是祈望这一套书能为地球科学文化起到抛砖引玉的作用：企盼有更多的人走进自然，亲近自然，热爱自然，保护自然；我们的科普讲坛上涌现出气文化、茶文化、花文化、树文化、竹文化，以至森林文化、公园文化、旅游文化、生态文化……的丛书。

总之，如若这套书能得到读者的欢迎和厚爱，则心满；如若再能看到一个百花盛开的地球科学文化的书市，则意足矣。

愿地球科学文化走进千家万户。

谨此

草于 2009 年 11 月 28 日
2017 年 6 月 8 日修改

编著者的话

地球有三极：南极、北极和珠穆朗玛峰。如果说前两极是平面的话，那么唯独能突兀冲向天空的第三极是立体的，它耸立于地球之巅，使山文化成为无愧于地球科学文化之首的一种文化形态。

"川者天地之血脉，山者天地之肌骨。"山不仅是构成大地最基本的"元件"之一，更是支撑天地、孕育万物的地球的"肌骨"。山是威严的，它以拔地而起、负势竞上、巍然挺立的身姿，给我们以"高山仰止""稳如泰山""山盟海誓"的感慨；山是博大的，它以迷人的景色、广博的物产，陶醉、滋养了地球上的芸芸众生，使我们对"绿水青山""依山傍水"有了浓浓的情感依恋。

山，是人类安身立命之所，更是人类文明的摇篮。山文化是悠远的，它从"靠山吃山"中诞生，在人们对山的敬畏、崇拜、亲近、欣赏、感悟中成长。人类的科学认识、文化审美和人山关系的重新审视，又让山文化彰显出极富时代创新性的特质。山文化是包容的，它不断与地质学、地理学等自然科学交叉融合，与宗教文化、民族民俗文化、文学、艺术结缘，与茶文化、建筑文化、石文化、水文化和土文化"联姻"，展现出它强大的生命力和无与伦比的博大精深、藏龙卧虎。

山，具有大气平和、处变不惊的仁者品格。孔子以"仁者乐山，智者乐水",把山与人世间相联系,以山拟人,以山"化"人,引导人们去效法和崇拜山的"美德",与万物和谐相处,深化了和谐山文化的内涵。如今,人们又从"绿水青山"和"金山银山"的辩证统一,探索保护环境和发展经济并重的可持续发展之道,演绎了山文化亘古不变的主题——和谐。

本书是倪集众主编的《山石水土文化丛书》之一册,是在中国科普作家协会的鼎力支持和热情指导下,由张欢、蒋玺和刘嘉麒共同撰写、编辑完成的。倪集众研究员对本书的完成倾注了大量心血:他不仅为本书的编写提供了多年积累的大量资料和照片,还在成书过程中,对书稿进行多次修改,对笔者进行面对面的指导,提出了许多宝贵的修改意见。

由于山文化之博大精深,涉及诸如地球科学、生态学、文学、历史、美学、建筑、哲学、民族学、宗教以及自然科学文化的诸多领域,远远超出我们的知识范围;我们必须求助于专家、学者的指点,求助于同仁的交流和讨论,更多的是求助于网络和文献资料。因此,书中大多数资料、图片的作者已无从联系。而本书又只是一本科普书,不便罗列参考文献。所以,在付梓之前,对所有专家、学者、同仁和文献资料的作者表示诚挚的感谢和深深的敬意。

山文化不仅是一门科学,要付诸艰辛和努力去学习和发展,山文化更是一种精神,需要我们去体验、感悟,以将其继承和发扬。笔者愿与读者一起,走进大山,学习山的品格,了解山文化,发扬山文化精神,与人和谐相处,与山和谐相处,与大自然和谐相处。

愿我们的地球家园青山不老,绿水长流。

2011年3月

目 录

看山说山谈文化 / 3

说文解字　看山说山 / 4
什么是山文化 / 5
山文化是如何形成和发展的 / 5

山——地球的杰作 / 13

山的"家族" / 14
山是怎样形成的 / 17
形形色色的山 / 27
地球的"喷嚏"——火山 / 32
地球上的主要山脉 / 41
中国的主要山脉 / 47

山文化的科学元素 / 51

山——地球的"馈赠" / 52
火山资源——地球为人类开的"小灶" / 69
山——地质灾害的"温床" / 77
山地与气候 / 86

山文化的文明印记 / 95

山与文学、艺术 / 96
山与"国家名片" / 110
山与茶文化 / 114
山与建筑文化 / 120

神山一瞥 / 137

名山传说 / 138
中国山崇拜 / 144
山与儒、释、道 / 150

中华名山精粹 / 155

五岳 / 156
三山 / 168
四大佛教名山 / 173
四大道教名山 / 181

和谐的山文化 / 191

人和山的"争斗" / 192
绿水青山　和谐天境 / 197
山文化的特质 / 200

仁者乐山

藏龙卧虎的山文化

山，顶天立地，是人类的衣食父母、文明之源。在自然科学蓬勃发展的今天，作为大地之子的山岳也随之进入了更加广阔的探索视野和研究空间；在文化百花齐放的新世纪，新鲜血液的注入又让悠远而博大的山文化更富有时代的文化气息。让我们走进山的科普博览，了解山文化，学习山文化，发扬山文化。

看山说山谈文化

纵观古今，人类文明进步的过程就是一部人类利用山水和与山水和谐共处的历史。从最初吃山、住山、靠山，将对山岳的敬畏和崇拜，演变为民间传说、宗教活动，再由对山岳的亲近、感悟发展到山水审美，并对它的美悟之于心，倾泻于笔端，记载于文字。在悠悠的历史长河中，山岳被赋予了丰富的自然科学、人文历史和文化艺术的内涵，形成了藏龙卧虎的山文化。

说文解字　看山说山

让我们先看看"山"字吧!《徐曰》:"象山峰,起之形。""山"字是汉语中最古老的象形文字之一,从最初的甲骨文,到如今的楷体,虽然经过不同阶段的演变,但始终象形为山峰并列。

"靠山吃山",人类从诞生之日起就和山结下了不解之缘。那么,古人又是怎么说"山"的呢?《说文》里有:"山,土有石而高。"《国语·周语》则曰:"山,土之聚也。"皆表明了山的本意:地面上由土石构成的隆起部分。为此,山又成了"高""大""重""稳""阔"的象征,于是有了"高山仰止""山呼海啸""山珍海味""恩重如山""山盟海誓""拔山举鼎""稳如泰山""山南海北"等说法。

然而,古人在以形、以意说"山"的同时,又赋予了它更为深刻的含义。《左传·昭公四年》中写道:"山人取之。"《说文》则曰:"山宣也,宣气散生万物……凡山之属皆从山。"《释名》则说:"山,产也。产万物者也。"而《易·说卦》中又有:"天地定位,山泽通气。"古人早已深刻认识到,山不仅是地形,更是物产之源、生存之本,与人们的生产、生活和生存息息相关。

| 甲骨文 | 金文 | 小篆 | 楷体 |

"山"字的演变

什么是山文化

先说说"文化"吧。文化是人类作用于自然界和社会所创造的物质财富和精神财富的总和。那么，在物质层面上，山文化就是指人类对山岳和山地自然要素的认识，譬如山地的成因和演化、山体的形态、山地与自然环境、山地的自然资源及其对人类生产生活的直接影响等。在精神层面上，则是指意识形态性质的世界观、人生观和价值观所产生的对"山"的态度、作用和认识的反映，即人类由对山岳和山地自然要素的认识而辐射出的意识，譬如对山的心理、心态、信念、观念和思想，以及哲学、伦理、道德、宗教、美学、音乐、诗歌、文学和绘画等所反映的与山有关的文化内涵。

因此，我们可以把山文化归结为人类在认识山岳和山地过程中所创造的物质文化、制度文化和精神文化的总和。从这个角度看，山文化可以衍生出山的物质文化（包括建筑文化、石刻文化、交通文化和茶文化等）、山的制度文化（包括封禅、宗教活动、民间信仰和民规民俗等）和山的精神文化（包括与山有关的文学、艺术、哲学、美学、地理学、地质学、地貌学、生态学和气象学等）。

山文化是如何形成和发展的

从古至今，人类一直都在利用和改造山资源，从单纯的原始物质需求，逐步发展到物质文化与精神文化并存的时代。沿着人类社会和文明发展的历史轨迹，山文化的发展大致可划分为三个时期：原始的物质需求时期、崇拜与审美时期和审美与科学时期。

原始的物质需求时期

直立行走并能够制造和使用工具，是人类进化的重要因素和人类诞生的重要标志，因此，从猿到人转化过程中产生的工具不仅是人类物质文化的开端，也标志着文化的肇始。在原始社会初期，人类还没有掌握建筑技能，居住的是山中的天然洞穴，靠山上的动植物为生，以山上的石头、树干打制武器和工具。这一切表明，人类自诞生之日起就与山岳打上了交道，"靠山吃山"孕育出了山文化，透射出人类最早的文明之光。

从距今约 250 万年前，即地质时代的上新世晚期至更新世伊始，延续到距今 1 万年前后止，是人类文明发展过程中的旧石器时代。原始人居住于山洞中，从使用最简单最粗糙加工的树枝、石块等作为武器和工具，发展到使用打制石器狩猎以维持生活。

譬如，分布在欧洲大部分地区的奥瑞纳文化，距今 3.4 万~2.9 万年，因最初发现于法国南部加龙河上游图卢兹附近的奥瑞纳克山洞而得名。在西亚的许多遗址中也有相近时期的类似遗存，它们的创造者是属于晚期智人的克罗马农人和格里马迪人。奥瑞纳文化的石器主要由叶状石块制成，有端刮器、吻状刮削器和各式雕凿器等。在西欧一些石灰岩洞穴的壁上、顶上和地上，还发现了这一文化末期数以百计的绘

法国拉斯科克斯洞穴壁画

周口店"北京人"遗址

画、雕刻和浮雕。法国西南部拉斯科克斯洞穴中的野马和野牛壁画，便是这个时期壁画的代表作。

　　周口店"北京人"遗址位于距北京市西南约50千米的山区与平原邻接部，那里的石灰岩在水力作用下，形成了大大小小的天然洞穴。在其中一座名为"龙骨山"的山上，有一个长约140米、宽2.5～42米不等的天然洞穴，是50万年前北京猿人栖息之地。从发掘结果看，这些古人类在这个洞穴中群居了40多万年。在北京猿人遗址上方靠近山顶的洞穴，是更接近现代人类的"山顶洞人"遗址，在这里发现了三个成年男女完整的头盖骨和残骨。"山顶洞人"遗骨周围还散布有红色的赤铁矿粉末。洞内还发现了他们用过的骨针和穿孔的骨坠、鱼骨、牙饰、石珠等串联而成的"项链"，反映出远在旧石器时代末期，古人类在住山、吃山的同时，已萌发了对山审美的苗头，印证了"审美是人本性的表现"。

　　新石器时代是以使用磨制石器为标志的物质文化发展阶段，大约起始于距今1.8万年前，结束时间从距今5000～2000多年不等，相当于地质

"山顶洞人"的项链

依山傍水的古镇（麻少玉　摄）

年代的第四纪全新世时期。那个时候人类从山上下来，开始了从群居到部落杂居的生活。人们虽然选择了在地势开阔平坦、水源充足的地方生活，但他们的居住地周围必定有山；或群山环抱，或背靠大山，是所谓的"依山傍水"之地。在这里，水是他们生命的源泉，山则为他们提供了狩猎场和御敌的屏障。

当时，西亚最早进入新石器时代的是利凡特（今以色列、巴勒斯坦、黎巴嫩和叙利亚）、安那托利亚（今土耳其）和扎格罗斯山的山前地区。在中国，与之时代相对应的有：龙山文化最早发现于山东章丘龙山镇城子崖，屈家岭文化发现于湖北京山屈家岭，红山文化发现于内蒙古赤峰红山，青莲岗文化发现于江苏淮安青莲岗，武鸣遗址发现于广西武鸣境内的山陵洞穴中，巴蜀文化诞生于四川成都、重庆一带的山陵地区，寺洼青铜文化发现于甘肃临洮寺洼山等。这些文化层都反映了新石器时代人类生产生活与山的紧密联系。

崇拜与审美时期

自然崇拜

山水是人类的衣食父母。然而事物总是有两重性的，强大自然力支配下生活的古代人类，对于风、云、雨、水等自然现象总是心存畏惧，认为自然界对人类的一切恩赐和灾难都是神灵所为；于是日有日神，月有月神，风有风神，云有云神，水有龙王，山有山神，雷有雷公……由此，天然山水在人类眼中变成了崇拜的对象，天长日久便形成了原始崇拜和宗教雏形。

山岳峰巅、悬崖绝壁的雄峙挺拔，幽谷深涧、嶙峋怪石的奇异峥嵘，不仅令人敬畏，更给人一种神秘感。尤其是直插云霄的高山之巅，仿佛与天相连，山与天地浑然一体。风雨、电闪、雷鸣使山谷发出惊天动地的震耳回响，日月从山上的升起和回归山林等自然现象，让迷惑不解的古人激发出无穷的遐想，从而产生了对山岳神灵的崇拜与信仰。

古代先民对大山的崇拜大多出于两种认识，或认为山是通往上天之路，因而神秘莫测；或认为山是神灵的住所，因而值得顶礼膜拜。

那么，神灵们居住何处呢？在西方，古希腊人认为奥林匹斯山是居住着诸神的神山。在中国，昆仑山被看作神话中诸神所在之地。在沿海地区，想象中的蓬莱仙山便成为神仙们生活和成仙的地方，令人景仰和向往。日本人也将山当作神仙来崇拜，白雪皑皑的富士山便是他们向往的神秘之地。

奥林匹斯山

莽莽昆仑

"大地母亲"——贵州贞丰双乳峰（麻少玉 摄）

可见，高耸入云的山峰具有神灵的性格是原始崇拜之根。古人认为山不只是单纯的自然物，还是死者灵魂的归宿地，是天神下凡的圣地。不仅如此，山特殊的外形也常被人们视为"神物"而加以崇拜。因此，山本身就是"神体山"，是崇拜的对象。

人为宗教

宗教是人类社会心态和精神寄托的一种反映，它伴随着社会的发展而发展。当人类社会由原始公社制社会向阶级社会过渡时，宗教也逐步由自然宗教过渡到人为宗教。山自古以来就是修身养性、潜心修炼以及实施宗教活动的理想场所。

佛教崇尚山林，一方面源于山岳在其教义中神圣崇高的地位，同时也与其所主张的避世苦行、淡定思索才能达到禅定境界的思想有关。最早佛教采用印度神话，以相传高8.4万由旬（由旬为古印度的度量单位；1由旬为15千米）的须弥山（梵文作Sumeru）为宇宙和世界的中心。佛经记载佛祖释迦牟尼曾在树林中独自修行6年，在鹫峰灵山说"法"，在菩提树下静坐思索而涅槃成正果。出于教义和修身养性的需要，佛教把名山胜境作为超脱尘俗的"佛国仙山"。佛家思想传入中国后，高山之巅、深山大岳之中便建起了寺院，于是就有了"天下名山僧占多"的现象。

道教是中国土生土长的传统宗教。它以神仙不死之说为中心，以神话中的老子及其关于"道"的学说，吸收阴阳五行家、道家和墨家的思想，形成了一种崇尚自然的宗教。道教主张，人经过修炼，就能成为长生不老的神仙。而传说中的神仙多居住在名山和大海的逍遥宫中，所以道士们也多选择在名山深岳、福地洞天建造道观，体现了一种崇尚自然、追求超凡脱俗的思想。

审美与科学时期

在主张自然崇拜的社会中，人类对自然山水的审美意识也逐步发展到了一个新的水平。《诗经》中就有一些歌颂自然山水的诗句，如"泰山岩岩，鲁邦所瞻""嵩高惟岳，峻极于天"等。孔子提出"仁者乐山，智者乐水"的山水观，认为山和水的形象蕴含着值得人们效法和崇拜的美德，值得作为审美对象来欣赏。孟子在《尽心章句上》中曰"登泰山而小天下"，萌生出对自然山水朴素而自然的情感。

但是，直到魏晋南北朝，自然山水才开始成为人们独立的审美对象。为什么在那个时候会兴起这样一股崇尚山水的热潮呢？原来，那个时期华夏大地战火迭起，政局动荡，吏治黑暗，文人墨客不满现实却又无力抗争，于是纷纷心向山林，寄情于山水之间，把自己的才华和生命抛向大自然。大约也正是那个时候，印度的佛教开始广泛传入中原大地，于是在欣赏山水、吟诗作画的同时又添加了参禅悟道、修身养性的佛家思想，一大批山水诗人、山水画家纷纷入道，脱颖而出，开启了中国传统文化中欣赏山水、赞美雅石的一代新风。

也就是在陶醉于自然山水的过程中，人们逐渐萌发出探索山水的科学思想。早在3000多年前的古代著作《尚书·禹贡》（分"九州""导山""导水""水功"和"五服"五部分）中，古人就根据山脉水系将华夏大地分为"九州"，并在"导山"部分中根据20余座山岳的分布归纳出了中国当时的地形脉络。至唐代，玄奘的《大唐西域记》，详细记载了西域的山川地貌。北宋的沈括在《梦溪笔谈》中，记述了他对浙江雁荡山、陕北黄土高原地貌地质的考察，明确提出流水侵蚀作用学说，并通过对化石的研究论证了古气候的变化。不仅如此，《梦溪笔谈》中还涉及深埋于山中的

《徐霞客游记·游天台山日记》雕塑

矿产资源。而对我国山川记述最为详尽的古代著作当属《徐霞客游记》。明代地理学家徐霞客，历经34年游遍中国名山大川，写有天台山、雁荡山、黄山、庐山等名山游记17篇，详细记录了所游之地的地理、水文、地质、植物等现象，至今仍是研究山、石、岩、洞和地貌的重要参考资料。

　　然而，随着自然科学各领域的全面发展，中国山文化真正从科学文化的角度进行系统研究开始于二十世纪二三十年代。那时，人们已经意识到山不仅仅是审美对象，也是重要的科学研究对象。因为山不仅是我们了解地球演变的天然博物馆，更是人类赖以生存的家园和资源宝库。尤其是二十世纪五十年代以来，人口、资源、环境等重大问题日益突出，迫使人们从地质、地貌、植被、野生生物、水文气候、生态环境、防灾减灾等多学科全面地对山进行系统的科学研究与保护，使山文化的科学属性达到了一个新的高度；山地科学也成为地球科学的一个重要分支。

　　山文化、石文化、水文化和土文化的发展，促进了地球科学文化的形成和演变，加深了人类对自然界发展和演化的认识，从而促成了可持续发展的科学发展观的形成和实施。

山
——地球的杰作

从太空看，地球就像一个上面"漂浮"着几块陆地的蓝色水球。水球上的蓝色水面碧波荡漾，一望无际，构成了地球的水平面。而"漂浮"在水面的陆地却是高低起伏、形态各异，有高耸云霄的山峰，也有坦荡辽阔的平原或广袤无垠的高原，有沟壑纵横的峡谷，也有炽热的沙丘荒漠和寒冷的冰天雪地，构成千姿百态的陆地地貌。而且，陆地上起伏不平的地形一直延伸到海底，沿着大陆边缘向深海方向可分出大陆架、大陆坡、海底山脉、海沟、海底平原和海底高原等海底地形。

由陆地和海底组成的固体地球表面尽管形态千变万化，成因也不尽相同，但它们都出自大自然之"手"，是地球内动力地质作用和外动力地质作用对地壳综合作用的杰作。

山的"家族"

不管是陆地上的山还是海底的山,都属于山"族"。它们的成因是一样的,只是名称不同而已。

陆地一族

山是指陆地上海拔高度和相对高度较大、突兀隆起的高地。单独的一座"山"由山顶、山岭、山脊、山坡和山麓等几部分组成。

山顶是山的最高部分,外形上有的像戴了钢盔似的圆顶,有的被削成平坦的平顶,更多的是巍峨高耸的尖顶,又称山峰。

山岭一般呈长条形横向延伸,由彼此连续或相邻连接的岭地或高地组成。因为山岭相隔,常常使降落到它两侧的雨水分别汇入分列两侧的两条河流或两个水系,所以山岭也常被称作分水岭。大型、巨型的山岭也是气候的分界线,特别是不同降水量地区的分界线。

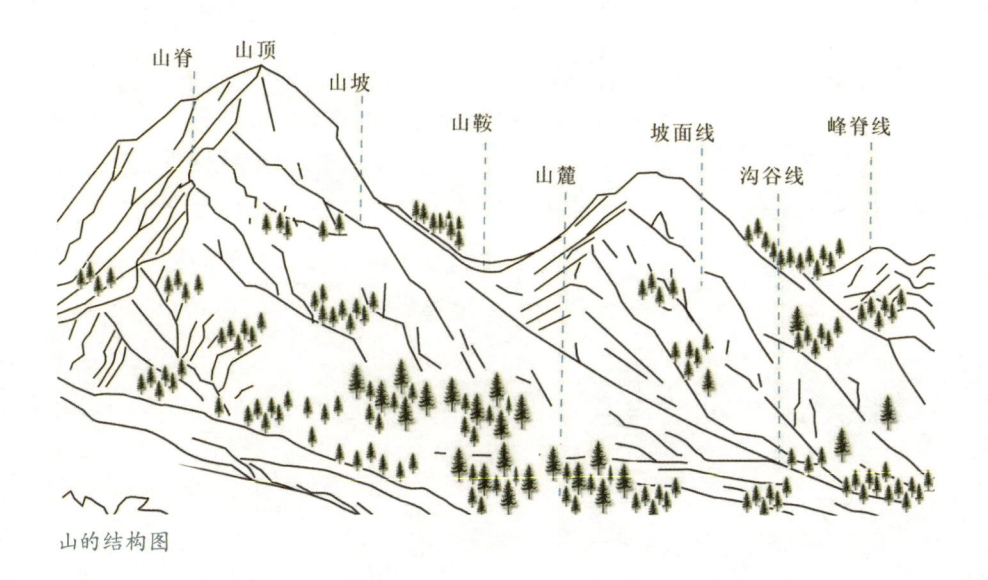

山的结构图

山脊是岭地或高地的顶部相连接成的一条无形的连线，即呈线状延伸的山顶。山脊多如一条线似的一字排去，也有的呈锯齿状、梁峁状或峰林状。

山坡是指从山顶到山麓的斜坡。它们形态多样，有直线坡、凹形坡、凸形坡或者阶梯状坡和复合型坡等。山坡有长有短，有陡有缓，通常用坡长和倾角来表示它的长短和陡缓程度。

山麓是山坡的最下部与高原、平原或谷地相接的部位。从坡脚有明显转折以下的山坡与高原、平原的过渡部分称为山麓带，一般坡度在5°左右。山麓带一般环绕山坡呈裙边状分布，有宽有窄。

山鞍又称垭口，是山脊上相对低凹、似马鞍状的地形。特别显著的垭口常成为古往今来的交通要道。

山口即切穿山地的河谷，是从山地到平原的出口。山口一般是冲积扇或洪积扇的顶点。

山谷是山地间呈纵向延长的凹地。山谷可由构造作用形成，如地堑谷、向斜谷；也可由侵蚀作用所成，如河流侵蚀而成的河谷、冰川刨蚀形成的冰川槽谷等。

自然界的山很少以孤零零的单体分布，多是以群山连生形成山地、山

相关链接

冲积扇是河流出山口处的扇形堆积体。当河流流出谷口时，摆脱了侧向上的约束，水流的搬运能力大大减弱，使所携带的大部分碎屑物质（土、砂、砾石等）堆积下来，形成从出口顶点向外辐射的扇形堆积体。冲积扇规模从数百平方米至数百平方千米不等。

空中俯瞰冲积扇

洪积扇一般特指干旱、半干旱地区由暴发性洪流形成的冲积扇。

脉乃至山系等组合地貌。

山地是由许多连生的山体组合而成地形的总称,包括山顶、山岭、山坡、山麓和山谷的复合地貌形态。

山脉是指许多山沿一定方向延伸所构成的如"经络"一样的山地。主体的山岭称为主脉,延伸或分支部分称为支脉,末尾延入平原或丘陵部位称为余脉。

山系是指由几条山脉组成的走向大致相同但规模更为巨大的一系列山脉系统。如喜马拉雅山系、阿尔卑斯山系、安第斯山系等。

丘陵是指海拔500米以下的低矮山丘,一般顶部浑圆,坡度平缓,坡脚线不明显。丘陵上的山包一般分布零星而孤立。

海中一族

与陆地表面一样,海底也是一个凹凸不平的世界,有高耸的海山、起伏的海丘、绵延的海岭、深邃的海沟,以及平坦的深海平原。

海山又称海底山,是有圆形或椭圆形顶面,高出周围海底1000米以上的孤立或相对孤立的水下山,它的尖顶称为海峰。海山分布广泛,仅太

海底与陆地一样也是凹凸不平的世界

平洋洋底就已发现10000多座海山。海山大多是海底火山，少数是构造山。海山由于地球的构造运动而发生移动或崩塌时，就会发生地震。据报道，2011年3月11日的日本9.0级大地震就与海山的崩塌有关。

海底火山由岩浆在海底喷发而成，常呈海山或海底丘陵，露出水面后形成火山岛。海底火山彼此相连也可形成海山群或海岭，三个以上呈线性排列的海山可以组合成海山链。海山链是"组合"的山地，它们露出海面便形成了岛链或岛弧，著名的夏威夷群岛、琉球群岛、庙岛群岛等都属于海山链。

海底山脉又称海岭或海脊，是沿大洋中部延伸的一系列山脉的总称。它们一般高出洋底1000~3000米，平均水深2500米，宽度超过1000千米。

洋中脊又称中央海岭，是一种断裂特别发育的巨型构造带形成的海底山脉。板块构造学说认为，它是地幔对流上升所致，是板块分离的部位，也是新地壳开始生长的地方。洋中脊顶部是地热的排泄口，因而是海底火山和地震最为活跃的地段。

山是怎样形成的

在地球内、外动力地质作用的综合作用下，地球连续不断地进行着物质循环，从而也不停歇地改造着地表的形态。山地就是地壳运动和构造活动的"作品"之一。能不能形成山，完全取决于内、外动力地质作用的强度，也就是看看谁的"力气"更大。当内动力地质作用导致的地壳隆起抬升作用超过外力侵蚀作用时，山地的绝对高度就会不断增加，使原来不高的低山逐渐"长高"成为巍峨的高山。反之，在地壳运动上升缓慢，或者相对稳定，或者相对下降的山区，外动力地质作用就占了上风，强烈的外力侵蚀占据主导地位，会抵消山地的隆起程度，使地形逐渐平缓，导致高山"变矮"成为低山或丘陵。这一过程此消彼长，使地球表面不停地发生变化，成为地球充满活力的外部表现。

> **相关链接**
>
> 　　内动力地质作用又称内营力地质作用或内生地质作用，指由于地球自转、重力和放射性元素蜕变等能量在地壳深处产生的动力对地球内部及地表的作用，主要表现为构造运动、岩浆活动、地震作用和变质作用等。
>
> 　　外动力地质作用指大气、水和生物在太阳辐射能、重力能和日月引力等的影响下产生的动力对地壳表层所进行的各种作用，又称外营力地质作用、表生地质作用或表层地质作用，主要表现为风化作用、搬运作用和沉积作用等。

"拱"出来的山

　　"拱"出来的山是指由地球内动力作用形成的山。

　　根据物理性质的不同，地球外层自上而下分为刚性的岩石圈和塑性的软流圈。岩石圈在横向上被洋脊、海沟、转换断层和地缝合线所分割，形成许多大小不一的刚性板块，称为岩石圈板块，简称板块。全球共有六大板块：亚欧板块、太平洋板块、印度洋板块、南极洲板块、美洲板块和非洲板块。其中除太平洋板块几乎完全被海水淹没外，其余板块都在大陆上，只是或多或少包含一些水域。

　　这些板块在地球内动力地质作用下，像漂浮在海洋中的冰山那样，在玄武岩质的基底上"悄悄"地做大规模的水平移动，引起广泛而惊天动地的地震、火山和各种构造运动。这些地质作用不仅使地球外层发生物质循环，也形成了地球表面复杂的地形地貌。

　　板块的运动使地壳局部受力，岩石发生变形而大规模隆起形成山脉，这个过程称为造山运动。造山运动导致岩层发生褶皱和断裂，相应地形成了褶皱山和断块山。

褶皱山

　　在地壳运动的强大挤压作用下，岩层会发生塑性变形，产生一系列的波状弯曲，叫作褶皱。褶皱的基本单位称为褶曲，即褶皱的一个"弯曲"。

岩层向上拱起部分称为背斜，向下弯曲部分称为向斜。

褶皱山是岩层在地壳剧烈运动时产生褶皱隆起而形成的山地。在褶皱隆起的初期，常常是背斜拱起成为山岭，向斜下凹成为谷地。但在野外也经常可看到由向斜形成山地，背斜则发展成为河谷，这是为什么呢？从力学上分析，背斜顶部受到的是张力，因而裂隙发育，岩石常常被侵蚀掉而成为谷地，而向斜槽部处于受挤压状态，物质坚实紧密，少有裂隙而不易被剥蚀，从而保存下来成为山体。这种现象被称为地形倒置，如北京西部的妙峰山、九龙山、百花山都是高达千米的向斜山。

褶皱构造是地壳中分布最广的构造形式之一，它几乎是地球上所有大中型地貌的基本形态，世界上许多高大山脉都属于褶皱山脉，如北美洲的科迪勒拉褶皱山系和亚洲的喜马拉雅山脉。特别是在板块缝合带，板块间的相互碰撞造成了规模巨大的褶皱构造，从而形成高大绵亘的褶皱山脉，如喜马拉雅山脉就是亚欧板块与南面的印度洋板块碰撞挤压的结果。

从形态上看，褶皱山包括由简单的褶皱构造形成的背斜山、向斜山、单斜山、猪背山，也包括由复背斜与复向斜构造形成的复杂山岭。

褶皱构造（张正伟 摄）

猪背山（亦称"猪背岭"）是单面山的一种特殊类型，是当单斜层的倾角较大（超过45°）时形成的两坡近于呈对称的单面山，多见于已被破坏的背斜较陡的一翼。

背斜山（蒋玺　摄）

向斜山（蒋玺　摄）

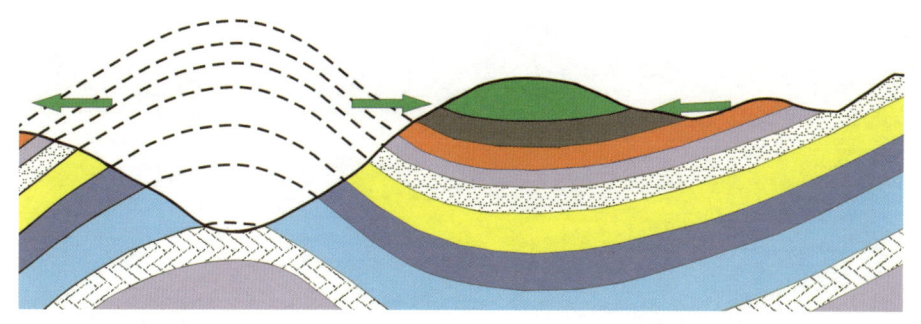

背斜成谷、向斜成山示意图

> **相关链接**
>
> 　　复背斜和复向斜都是由大量背斜与向斜组合形成的规模更为巨大的褶皱，总体上表现为背斜状的称为复背斜，表现为向斜状者则称为复向斜。
>
> 　　单斜山又称单面山，指背斜或向斜的一翼所形成的山地；另一翼由于构造运动而被破坏，山上的岩层倾角一般在25°以下。这种山的特点是山体沿岩层走向延伸，两坡不对称，一坡陡而短，另一坡则缓而长。

贺兰山单斜山（倪集众　摄）

断块山

　　地壳运动强大的压力和张力超过岩石的承受能力时，岩石（岩层或岩体）就会发生破裂。破裂后如果断裂面两侧的岩石沿断裂面发生了明显的位移，就形成断层。相对上升的岩块形成山岭或高地，相对下降的一侧则形成谷地或低地。

　　由断层作用形成的山岭和谷地，统称为断块山地，简称断块山或断层山。它们的特点是山边线平直，山坡陡峻成崖——断层崖，与相邻平地之间几乎没有过渡地带，地形常常急转直下。断层崖受到横向河流的侵蚀，出现一系列三角形的陡崖面，称为断层三角面。断块山可在各种构造的基础上形成。有的只在一面有断裂，有的两面均受断裂控制；它们多数是成

仁者乐山
藏龙卧虎的山文化

远远望去，对面一个个三角形的"断面"就是河流侵蚀而成的断层三角面

相关链接

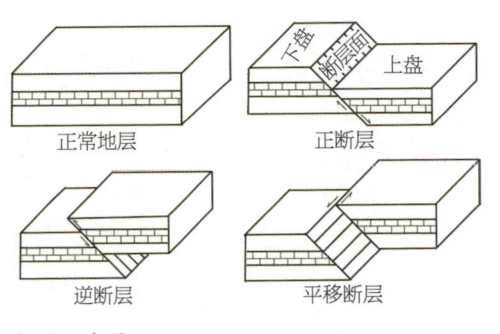

断层示意图（正常地层、正断层、逆断层、平移断层）

断层是地壳中最重要的构造之一，由断层面和断盘两个要素组成。断层面是指将岩块断开成两部分的破裂面，沿其两侧发生位移者称为断盘，倾斜的断层面之上者称上盘，另一盘则称下盘。根据断盘的相对运动方向，可将断层分为正断层、逆断层和平移断层。正断层是指上盘沿断层面相对向下滑动，下盘则相对向上滑动；逆断层则指断层上盘相对向上，下盘相对向下滑动；平移断层的两盘则顺断层面沿走向做相对移动。

群分布，排列成相互平行、雁行的、斜交的或同心圆状的，反映了断层的不同力学机制。根据排列方式可以推定地下掩盖断层的分布。

断块山按断层组合形式可分为地垒式断块山和掀斜式断块山。

地垒式断块山是断块沿两条或多条断裂隆起而成的山地。两侧山坡较为对称，为陡立的断层崖，山坡线较平直，与相邻的谷地或盆地间有明显的转折，如庐山、泰山、华山整体上均为地垒式断层的产物。

掀斜式断块山的山形不对称，断裂上升一侧为陡峻的断层崖，另一侧山坡缓长，向盆地或谷地过渡。如五台山西侧沿滹沱河断裂带掀斜，是形成五个"台"的主要致因，造成山体陡峻，直下滹沱河谷地；东侧则舒缓，向台怀盆地过渡。

从规模上看，褶皱运动是形成山体的主导因素，改变了区域性的地形、地貌，断裂则控制了刚性的岩层和局部的地貌类型。因此，在大面积的区域构造运动中，相伴而生的褶皱与断裂使本来就已经多样的山型更加复杂化。

断层（蒋玺 摄）

水"冲"出来的山

水是外动力地质作用的主要介质。别看它只是冲冲刷刷而已，天长日久就能"冲"出一座座山呢！

以风化、剥蚀、搬运、沉积和成岩作用为主的外动力地质作用不断地雕刻、塑造着地形景观，不断夷平地表的高差，形成形态各异的侵蚀地貌。外力侵蚀作用是外营力对地表冲刷、磨蚀和溶蚀等作用的总称。以侵蚀作用为主形成的山地即为侵蚀山。侵蚀作用的方式有物理作用、化学作用和生物化学作用。在改变地貌的过程中，常常是以一种方式为主导、多种方

式综合作用进行的。

地球上的外营力如流水、冰川、波浪、潮流、海流和风等都能改变地表的形态，它们就像一个个不同流派的"艺术家"，在地表雕刻出风格各异的地貌"作品"。其中，地表水体（尤其是河流）是当之无愧的"雕刻大师"，因为它的"勤劳"使它最为强烈地改造着地形地貌。下面，我们就来看看流水是怎样侵蚀、改造地貌的。

流水通过结冰膨胀、物理冲刷、化学溶解及部分生物化学作用，沿岩体（土体）的原生构造裂缝和松散土层不断进行冲刷、溶蚀，使岩体（土体）产生更大的空隙，空隙的发展导致部分岩体（土体）丧失支撑能力而发生垮塌，垮塌物被流水带出原地后便形成了沟壑。沟壑的形成又使流水进一步汇集，加剧对原地貌的侵蚀强度，导致更大规模的垮塌。日积月累，那些原来的高原或山地就被侵蚀分割形成新的山地。

流水对地貌的改造在构造活动上升区表现得最为显著，因为地壳的上升加剧了流水的下切侵蚀作用。如云贵高原在持续上升的青藏高原的带动下，千百万年来一直处于抬升状态，加上中纬度地区的温暖湿润，大气降水丰裕，原来的广阔平地被分割成连绵起伏的山地，形成了苗岭、乌蒙山、点苍山等山地。

侵蚀作用成山除受外动力条件控制外，原岩的性质和产状也是影响侵蚀方式和山体形态的重要因素。云贵高原的岩石主要是碳酸盐质的石灰岩和白云岩，这些岩石遇到含二氧化碳较高的地表水和地下水后，其中的碳酸钙和碳酸镁就被溶蚀带走，所以这些地区多是馒头状的山形或峰林状的石头山，形成典型的喀斯特山区地貌。而湖南张家界一带，原岩主要是石

贵州兴义喀斯特峰林（麻少玉　摄）

湖南张家界石英砂岩峰林（倪集众　提供）

英砂岩，岩石质地坚硬，强度大，化学性质稳定，抗蚀能力强，所以侵蚀作用只能沿岩层的垂直节理冲刷并使之崩塌，以致形成尖锐的山峰和陡峭的悬崖。

　　侵蚀作用还可以根据岩石抗风化能力的强弱，引起岩体的差异风化，从而形成高峻的山体。譬如地球内部炽热的岩浆向上侵入地壳，常形成规模和形态不一的侵入体。它们与周围的岩石在成分上往往差异较大，以致抗风化的能力也有很大差别。若侵入体的抗风化能力比周围的岩石强，经过漫长的风化后，这些大型的岩浆岩侵入体（如岩基、岩株等）便保留下来成为高大的山体。黄山就是岩浆多次侵入而成的复式花岗岩岩体。华山也是一个巨大的花岗岩岩株，在后期风化和构造运动作用下，高耸于被侵蚀掉的变质岩上，五个巨大的岩株成为著名的华山五峰。

相关链接

　　节理是地壳上部岩石中分布最广的一种构造，它与断层类似，也是岩石受力后发生的断裂。节理与断层的区别在于，岩石在断裂后沿断面两侧没有发生明显的相对位移。

仁者乐山
藏龙卧虎的山文化

峨眉山岩石的节理（姚林波 摄）

"堆"出来的山

外力堆积作用一般指风、流水和冰川等运动介质搬运来的碎屑等物质，在适宜的地方沉积的过程。如河流流速或风速降低、流量减少和冰川消融等原因，都会使碎屑物质沉淀和堆积。相比起侵蚀作用，外营力由堆积作用而形成山的能力要小得多，形成的山（丘）体规模也小得多。能够堆积成山（丘）的外营力主要有风和冰川，形成沙丘（山）和冰碛丘陵。

沙丘多见于荒漠或半荒漠地区，是风力作用使细小的砂粒发生迁移并堆积而形成的圆形、椭圆形或新月形的沙上高地。沙山就是一种巨大的沙丘。在内蒙古巴丹吉林沙漠中，有世界罕见的高大沙山，最高沙峰必鲁图峰相对高度500多米，是世界上最高的沙山，被称为

内蒙古巴丹吉林沙漠必鲁图峰

西藏波密县冰碛丘陵

"世界沙漠珠峰"。

　　冰碛丘陵是冰川消退时，冰川所携带的冰碛物堆积而成。西藏波密县许木乡热西村玛玉塘境内的冰碛丘陵形态最为典型，结构最完整，规模最壮观，数量最多。二十世纪三十年代，一位英国探险者看到这些阴森而神秘的冰碛丘陵，还以为是古战场遗留下来的墓地呢！

　　总体而言，地球内动力是地表起伏的内因，而外动力作用的最终结果则是将高地夷为平原。我们现在看到的形态各异的复杂地形地貌，是地球内动力和外动力在漫长的地质历史长河中综合作用下最新、最近的一幕。

形形色色的山

　　地球上的山高低起伏，形态万千，构造位置和成因又不尽相同，那么怎样对形形色色的山进行分类呢？目前比较常用而直观的分类方法有两种：地貌学的形态分类和地质学的成因分类。

按外形分类

山的外部形态多种多样，如高度、坡度、形状、植被覆盖情况等，其中高度是山最直观、最显著的外形特征。所以，地貌学上一般根据山的绝对高度和相对高度把它划分为极高山、高山、中山、低山和丘陵五类。

中国山地高度分类

名 称	绝对高度（米）	相对高度（米）
极高山	>5000	>1000
高 山	3500～5000	100～1000
中 山	1000～3500	100～1000
低 山	500～1000	100～500
丘 陵	200～500	50～200

绝对高度也叫"海拔"，是以海平面为"零"米起算，即山体高出平均海平面（又称大地水准面）的垂直高度。由于海平面并不是一个标准的水准面，因此各国在绘制地图时尽量使其标准面接近水准面。我国各地的海拔是指自黄海平均海平面起算的高度，如北京海拔50米，西安海拔396.9米，昆明海拔1891.3米，拉萨海拔3658米。相对高度是指地面某个地点高出所在地点的垂直距离，如在海拔350米的某地附近，有一座海拔为1350米的山头，则这座山的相对高度为1000米。

按照绝对高度分类，可以看出我国西高东低的地势，反映了各种营力作用的差异。极高山的起点高度是5000米，大致与我国西部山地的现代冰川下限和雪线高度相符合；高山与中山的分界线为3500米：在3500米以上，冰冻机械风化作用强烈；低山与中山分界线的划分主要考虑了我国东部的山地大多在海拔1000米以下，以强烈的流水侵蚀切割作用为主。

然而，相对高度更容易把山的"高矮"体现出来。如五岳之首的泰山，海拔高度1545米，只有远在四川的海拔3099米的峨眉山"身高"的一半。但在山东，泰山看起来却如此雄伟挺拔，就是因为它"站在"平均海拔不足 200 米的华北平原上，1300 多米的相对高差，大有"鹤立鸡群"之势。同样，在绝对高度相同的情况下，流水强烈切割形成的陡峻低山与外力堆积形成的平缓低山在形态上当然也不能同日而语。相对高度一般指从山（丘）脊（顶）顺坡向到最近大河（汇流面积大于 500 平方千米）或到最近较宽的（宽度大于 5 平方千米）的平原交接点的高差。

按成因分类

不管山在形态上多么变化万千，它们都是地质作用的产物。形成山的地质作用主要有构造运动、侵蚀作用和堆积作用。所以，从成因上常把山分为构造山、侵蚀山和堆积山。

构造山

指由于地壳构造运动而形成的山，它们主要是地球内动力地质作用的结果。地球构造运动的强大驱动力使地壳中的岩层发生挤压、褶皱和断裂，引起岩石的变形，从而在地表形成各种各样的地形地貌。

前面讲到，形成山的构造作用主要有褶皱作用和断裂作用。

褶皱山（张正伟 摄）

断块山形成的陡崖（蒋玺　摄）

由一系列褶皱作用形成的山称为褶皱山。褶皱作用通常形成高大、延绵数千米的巨大山脉，如喜马拉雅山、阿尔卑斯山、阿巴拉契亚山和安第斯山等。由岩层断裂作用抬升形成的山称为断块山，通常形成陡峭的绝壁。由褶皱和断裂综合作用形成的山则称为褶皱－断层山，它们不仅山体巨大，而且多奇峰绝壁，如庐山就是典型的褶皱－断层山。实际上，大多数的构造山都是在褶皱和断层的相伴作用下形成的，褶皱山、断块山或褶皱－断层山是根据它们的主要成因而定的。

侵蚀山

指在地壳上升的地区，地面长期遭受外力剥蚀和侵蚀而形成的山地。如沉积巨厚的红色砂岩地层，在后期地壳抬升过程中，被流水切割侵蚀形成的一片红色山群，即形成丹霞地貌；在风、水和冰川等外力介质的长期作用下，地层中软弱、破碎的岩石被溶蚀、冲刷带走，坚硬的岩层残留下来而形成的蚀余山；河道在"裁弯取直"过程中形成的离堆山等都是侵蚀山。

侵蚀山是外动力地质作用的产物。如福建省福安白云山"石臼群"就是蚀余山，它是古冰川的融冰水沿冰川裂隙以滴水穿石的方式冲蚀基岩而成。2000多年前，李冰父子修都江堰，凿玉垒山，使岷江水从玉垒山中穿行，被截断的山丘成为江中孤岛，即形成了离堆山。

新宁崀山丹霞峰林（麻少玉　摄）

三峡大坝离堆山（麻少玉　摄）

堆积山

指由各种泥沙或岩石堆积形成的山体，包括以内动力地质作用为主的火山和以外动力地质作用为主而成的冰碛丘陵、沙丘（山）等。

冰碛丘陵 　　　　　　　　　　新疆哈密鸣沙山

地球的"喷嚏"——火山

地球内部充溢着高温高压的岩浆，它们逐步聚集于地球中某处时，会集中很大的能量和热量，当岩浆蕴含的能量达到一定程度，地球便会打个"喷嚏"发泄一下，形成火山喷发。

火山是由地球内部高温状态的岩浆，沿一定的通道穿出地表后冷凝堆积而成的山丘，它有特殊的火山构造。由于火山自有一套成因、分类和分布特点上的特殊性和复杂性，所以要单独介绍一下。

与地球外动力堆积形成低矮山（丘）不同，火山喷发的动力来源于地球内部，是一种规模巨大的堆积作用，喷出地表的火山物质常常堆积成高大的火山锥，如非洲的乞力马扎罗山、日本的富士山等。

火山是怎样形成的

地球上的火山分布广泛，在成因上又有特殊的地质意义。那么，火山到底是怎么形成的呢？我们先从地球的内部结构说起。

地球外形上是一个近似球体，如果把它切开，可看到它大致由三个性质不同的同心圈层构成：最外面的一层称为地壳，最中心部分称为地核，中间一层称为地幔。如果把地球的内部结构做个形象的比喻，它就是一个"超级大鸡蛋"：地核相当于

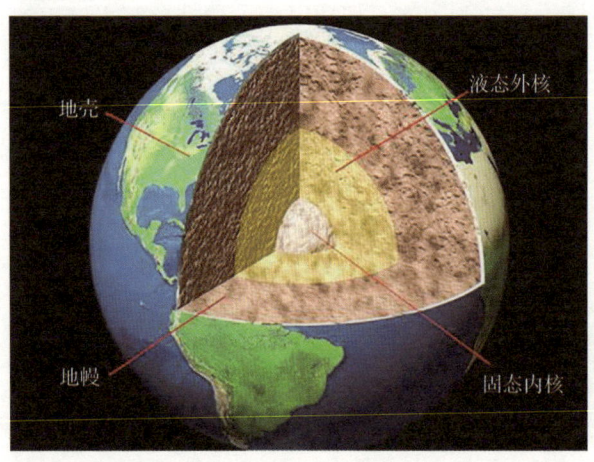

地球的圈层结构

蛋黄，地幔相当于蛋白，地壳就是蛋壳。地核是目前人类了解最少的部分，主要由铁（或铁－镍合金）构成；地幔可分为上地幔和下地幔，主要由呈塑性状态的富含铁、镁的硅酸盐物质组成；地壳是托着陆地和海洋的一层硬壳，主要由含硅酸盐类矿物的岩石构成。

在深部地壳或上地幔，岩石由于高温发生部分熔融，产生的熔体与母岩分离后便成为熔融状的硅酸盐物质——岩浆。在温度和压力的驱使下，岩浆沿着岩石圈中的孔隙或裂隙向上运动，并在一定部位逐渐汇集形成大的岩浆聚集体——岩浆房（或称岩浆囊）。随着岩浆的不断补给，岩浆房中的岩浆就像高压锅里的粥一样，在高温高压下蠢蠢欲动，不断侵入上覆的地壳岩石中。如果岩浆在侵入过程中还没有到达地表已自行冷凝固结，就形成了侵入岩组成的岩体，而那些炽热的岩浆从岩层的薄弱处冲出地表时，便在地表固结形成火山岩构成的山体——火山。

岩浆主要由硅酸盐熔体、挥发分（水蒸气、二氧化碳、二氧化硫等气体）和其他一些金属元素化合物组成。在岩浆上升过程中，由于高压而溶解在岩浆中的挥发分会逐渐溶出，形成气泡。随着岩浆不断上升，溶出的气泡越来越多；到达近地表后，由于压力骤然降低，这些禁锢在液体中的气泡会瞬间猛烈释放出来，导致爆炸性的火山喷发。气体释放后，岩浆则由猛烈的喷发转为缓缓流出硅酸盐熔体，形成熔岩流。

火山的主要特征

火山是一个特殊的地质体，它记录了从岩浆形成、上升、喷发直到堆积成山的整个地质过程。所以，与其他类型的山不同，火山有自己的一些基本的火山机构：提供物质（岩浆）的岩浆房、岩浆上升的通道——火山颈、喷发物堆积而成的锥状山体（火山锥）。

火山的分类

火山的分类标准众多，可根据火山活动情况、形态、喷发方式、喷发强度等进行分类。

火山机构剖面图：1. 岩浆房；2. 火山颈；3. 火山口

按活动情况分类

火山的喷发时间有长有短，短的几小时，长的可达上千年。而且，火山的喷发周期也长短不一。一般根据活动情况把它分为活火山、死火山和休眠火山。

活火山是指现今仍在活动的火山。这类火山正处于活动的旺盛时期。如美国的黄石火山、墨西哥的科利马火山、哥伦比亚的加勒拉斯火山、美国夏威夷州的基拉韦厄火山、危地马拉的圣塔马里亚火山、圣地亚古多火山等都是著名的活火山。

死火山指曾发生过喷发，但在人类历史时期和现今从未活动过的火山。此类火山已丧失了活动能力。有的火山仍保持着完整的火山形态，有的则已遭受风化侵蚀，只剩下残缺不全的火山遗迹。

休眠火山严格来讲属于活火山范畴，它是指那些在喷发之后处于暂时静止状态，但仍可能喷发，或在两次喷发之间较长时间内处于静止状态的火山。如美国的圣海伦斯火山，1980年喷发之前，曾有过9次活动，每次持续喷发的时间从不到100年至5000年不等。在1980年发生大规模喷发之前，它"休息"了123年。

然而，这三种类型的火山不是一成不变的。死火山可以"复活"，休眠火山更可能时不时地复苏，所以它们之间并没有严格的界限。譬如，意大利的维苏威火山以前一直被看作死火山，人们纷纷在土地肥沃的火山周围开辟果园，建筑城镇。到公元 79 年，它却突然爆发，大量的火山喷发物转眼间就把毫无防备的庞贝和赫拉古农姆两座古城吞没了，造成了人类历史上一次空前的大灾难。

按火山形态分类

火山形态多种多样，一般可分为盾状、火山渣锥、复合型、穹状和熔岩台地型等。

盾状火山指有宽阔顶面和缓坡度（＜10°）侧翼（盾状）的大型火山，如夏威夷群岛的每个岛屿都是一座巨大的盾状火山。火山渣锥是指全部由火山喷出的碎屑物质堆积而成的锥状火山碎屑堆。喷发时间越长，火山锥越高。如墨西哥的帕里库廷火山，火山锥高达 610 米。复合型火山是世界上主要的火山类型，它是由熔岩流和火山碎屑物相互成层、逐渐积累而成的圆锥状火山体，如日本的富士山、美国的圣海伦斯火山。穹状火山是火山锥外形如穹隆状的火山。熔岩台地也称熔岩高原，通常是高流动性的岩浆在一大群裂隙中渗透形成。

按喷发方式分类

火山按喷发方式可分为裂隙式喷发、中心式喷发和熔透式喷发的火山。

裂隙式喷发火山由岩浆沿地壳上巨大裂缝溢出地表喷发而成。这类喷发一般没有强烈的爆炸现象，冷凝后往往形成覆盖面积甚广的熔岩台地。分布于我国西南川滇黔三省交界地区的峨眉山玄武岩和河北张家口以北的汉诺坝玄武岩都属裂隙式喷发。现代裂隙式喷发的火山主要分布于大洋底的洋中脊处，大陆上只有冰岛可见到此类火山喷发活动，所以又称为冰岛型火山。

中心式喷发火山指地下岩浆通过管状火山通道喷出地表形成的

火山裂隙式喷发

火山中心式喷发形成的火山锥

火山爆裂式喷发时形成的火山灰云

火山。它是现代火山活动的主要形式，常常形成以火山口为中心的（似）锥状火山体，如日本富士山。

熔透式喷发火山是岩浆的高温导致地壳被大面积地熔透后，岩浆溢出地表而成。它是一种古老的火山活动方式，现代火山还未发现有熔透式喷发。

按喷发强度分类

火山喷发时的猛烈程度可分为宁静式喷发、爆裂式喷发和递变式喷发。

宁静式喷发指火山喷发时，无爆炸现象，只有大量炽热的熔岩从火山口"宁静"地溢出，顺着山坡缓缓流动，好像煮沸了的米汤从饭锅里沸溢出来一样。夏威夷群岛的不少火山属于这一类，所以这样形成的火山又称为夏威夷型火山。

爆裂式喷发指火山喷发时，产生猛烈的爆炸，同时喷出大量的气体和火山碎屑物质。1568年6月25日，西印度群岛的培雷火山爆发就是一次爆裂式喷发的典型实例，从此以培雷型火山称之。

递变式喷发是上述两类之间的过渡喷发类型。这类火山可以连续几个月，甚至几年，长期"平稳"地喷发，但又常伴有间歇性的爆发。如意大利利帕里群岛上的斯特朗博利火山，每隔两三分钟喷发一次，夜间在50千米以外仍可见火山喷发的光焰，被戏称为"地中海灯塔"，所以此类喷发又称为斯特朗博利式喷发。

一些独特的火山

不是火山的"火山"——泥火山

泥火山是指由泥浆、沉积角砾和水、气体一起喷出地面后，在地表堆积形成的锥状沉积体，它的喷发过程和外形看起来都与火山差不多，但喷出来的不是炽热的岩浆，而是泥、水和气；它的地下深处也没有岩浆房或岩浆囊，所以人们把它称为泥火山。泥火山并不是真正的火山，因为火山的一个必要条件是在其底部有一个蠢蠢欲动的岩浆房，喷出物是来自地壳

泥火山（刘嘉麒 摄）

深部或地幔炽热的岩浆。而泥火山的喷出物质则是来自地壳浅部的沉积物，虽然有的泥火山也会有喷火的现象，但那只是因为它喷出的气体中含有较多可燃性气体（沼气）的缘故。

泥火山在地球上的分布极为广泛。目前，仅陆地和浅海区已发现的泥火山就有2000多座，其中阿塞拜疆的巴库地区是全球泥火山发育数量最多的地方，约有220座。其他著名的泥火山还有伊朗的马克兰、罗马尼亚的布扎以及美国的黄石公园等。我国的泥火山主要分布于新疆独山子和乌苏市的白杨沟、青藏高原羌塘盆地的戈木错等地。

泥火山的规模比火山小很多，高度一般不超过10米；但有时也可形成高大的山体，如巴库地区最大的泥火山就高达400米，分布面积达10平方千米。关于泥火山的成因目前还存在较多争论，但基本可以确定它们与地壳内的流体活动、沉积构造、断裂和深部油气生成有关。

泥火山的喷出物由沉积物和流体（水、盐类、石油、甲烷、二氧化碳等）组成，它们大部分形成于含水层，这些地方常有很多油气藏。所以，泥火山的形成与油气田有空间上和成因上的联系，据统计，全球有90%以上的泥火山喷出的气体来自地下油气藏。所以，泥火山常被当作寻找深部油气的指示器。

喷冰的火山

在冰岛有座格里姆斯维特火山，曾出现过持续十多天喷出冰块的壮观场面。火山口平均每秒喷出的冰块大约有 420 立方米，最多时可达 2000 立方米。这种奇特的现象是怎么形成的呢？科学家为我们解开了谜团：由于冰岛地处高纬度地区，火山顶上覆盖有巨厚的冰层，而在它之下的火山一旦苏醒，就像掀开被子那样把冰层一起带出，这才有了火山喷冰的景象。

喷金吐银的火山

意大利埃特纳火山是欧洲最大的火山，位于意大利南部的西西里岛，它就像一个年轻小伙，有着使不完的劲儿，自公元前 475 年首次喷发以来，至今已喷发了 2000 多次。让人惊异的是，埃特纳火山每天的喷出物中约含有 2.4 千克黄金和 9 千克白银，这些随火山喷发物喷到五六十米的高空，在空中冷却后呈粉末状落下的金银雨，可惜都掉进地中海喂了鱼儿。

全球火山的分布

火山在地球上的分布极不均匀。自 1 万年前以来，地球上有过活动的火山累计近 1500 座，它们都至少喷发过一次，有的喷发过数次甚至达数十次。此外，海洋中还有不少火山。人们不禁要问，这么多火山在地球上的分布有规律可循吗？答案是：有。

火山的形成主要受板块运动的控制，因为全球各大板块的接触部位，常常是岩浆和构造活动最为活跃的地段。所以，地球上的火山大多分布在板块的边缘，只有极少数位于板块内部。

地球上的火山主要集中在四大火山带上，即环太平洋火山带、大洋中脊火山带、阿尔卑斯－喜马拉雅火山带和红海－东非大陆裂谷带。有趣的是，这些火山带与全球地震带的分布几乎重合，看来，火山和地震是地壳构造活动的一对孪生兄弟。

环太平洋火山带从印度尼西亚群岛、菲律宾群岛，向北经日本列岛、库页岛、堪察加半岛，向东经阿留申群岛，至北美、中美和南美洲的西海岸，全长 4 万余千米，呈一个向南开口的环形构造系。该火山带火山活动极为频繁，据说全球现代喷发的火山有近 80% 发生在这里，因此它也被形象地称为"火链"。这样看来，经常听到北美、堪察加半岛、日本、菲律宾和印度尼西亚等地发生火山喷发也就不足为奇了。在这条"火链"上，印度尼西亚堪称"火山之国"，全国有400多座火山，其中有100多座是活火山。这一带也经常有海底火山为"火链"添光加火，诞生了不少新露出海面的火山岛。

大洋中脊上火山的分布也不均匀，大西洋裂谷最为集中。北起格陵兰岛，经冰岛、亚速尔群岛到佛得角群岛的万余千米间，全是大洋裂谷火山喷发的产物——玄武岩。由于它们多是隐藏在海底喷发，不易被人们发现，在"火气十足"的大西洋中脊上仅发现60余座活火山。

阿尔卑斯-喜马拉雅火山带位于横贯亚欧大陆的纬向构造带内，西起比利牛斯山，经阿尔卑斯山脉到喜马拉雅山地区，全长10万余千米。这一带集中了众多世界著名的火山，如意大利的维苏威火山、埃特纳火山、乌尔卡诺火山和斯特朗博利火山等。爱琴海中的一些岛屿也是活动性很强的火山岛，历史上有记载的火山喷发就有130多次。这些火山爆发强度大，特征明显而典型，成为划分火山喷发类型的"标兵"。

红海-东非大陆裂谷带是大陆上最大的裂谷带。自2.5亿年前的中生代形成裂谷以来，火山活动频繁，尤其在新生代（约6700万年前至今）以来甚为活跃。据调查非洲的30余座活火山，大多在裂谷带的断裂附近，如肯尼亚火山、乞力马扎罗火山和埃尔贡火山，它们的喷发都与裂谷活动密切相关。

中国的火山

在中国，虽然没有发生过现代火山喷发，但遍布全国的火山地貌和火山岩告诉我们，这块土地曾经是一个多火山的地区。从遍布西南的约2.5亿年前的二叠纪峨眉山玄武岩喷发，到约1亿年前的侏罗纪—白垩纪遍布浙江—福建—安徽南部的陆地火山喷发，再到有历史记载的五大连池、长白山等近代火山喷发，无不详细地记录了中国的火山活动历史。

中国的火山分布和成因都与板块活动密切相关。火山主要分布在两大区域：一是沿东部大陆边缘的东部火山，它们是受太平洋板块向西俯冲所致，成为太平洋"火链"的一部分；二是受印度洋板块碰撞形成的青藏高

原及周边地区火山群。东部火山群从黑龙江的五大连池、镜泊湖，吉林的长白山、龙岗，向南到安徽嘉山，福建明溪，台湾大屯、基隆，一直到雷州半岛、海南岛及云南腾冲等地。青藏高原火山群主要包括阿什库勒、泉水沟、可可西里、狮泉河和礼县等地。

这些地区，历史记载有过多处火山喷发，如五大连池、长白山、台湾、腾冲、西昆仑等地区。长白山仅可查的历史记录就有三次以上喷发，最近一次发生在1903年。西昆仑阿什火山的最近一次喷发发生于1951年5月27日，是已发现的最新喷发的火山。1997年启动的"中国若干近代火山活动的监测与研究"，表明火山监测和研究正愈来愈受到关注。

下面，让我们来看看中国最著名的几个火山（群）。黑龙江省五大连池火山群是中国著名的近代火山群，它由10余座火山组成，火山岩分布面积达800多平方千米。这是一个休眠的火山群，其中的老黑山和火烧山曾于1719—1721年喷发，喷发物堵塞了河道，形成了5个串珠状的火山堰塞湖——五大连池。镜泊湖火山集中在黑龙江省宁安市小北湖和蛤蟆塘地区，有13个复式火山，火山锥体主要由火山弹、岩饼、火山渣、浮岩、火山砾、火山砂等火山碎屑岩和熔岩组成。长白山天池火山是我国目前保存最

腾冲火山地热国家地质公园（倪集众　提供）

为完整的近代复合火山,火山活动经历了造盾、造锥和喷发三个发展阶段。自250万年前开始的第四纪以来,长白山西麓靖宇—辉南近2000平方千米的龙岗火山群有160余座星罗棋布的低矮火山锥,显示高密度、多中心爆裂式喷发特点,主要由玄武质火山渣、火山弹、火山碎屑岩和少量熔岩构成。云南省西南边陲的腾冲火山是我国最著名的火山区之一,区内分布有68座新生代火山和139处温泉。同时,腾冲又是中国西部著名的地震活动区,集火山、地热、温泉、地震活动为一体,这在世界其他地方也不多见。

地球上的主要山脉

前面已经讲到,山的形成归根到底受地壳构造运动的控制,所以孤立的山很少,一般都是成群、成带地出现,形成"山脉"甚至"山系"。世界上主要山脉的分布见下图。

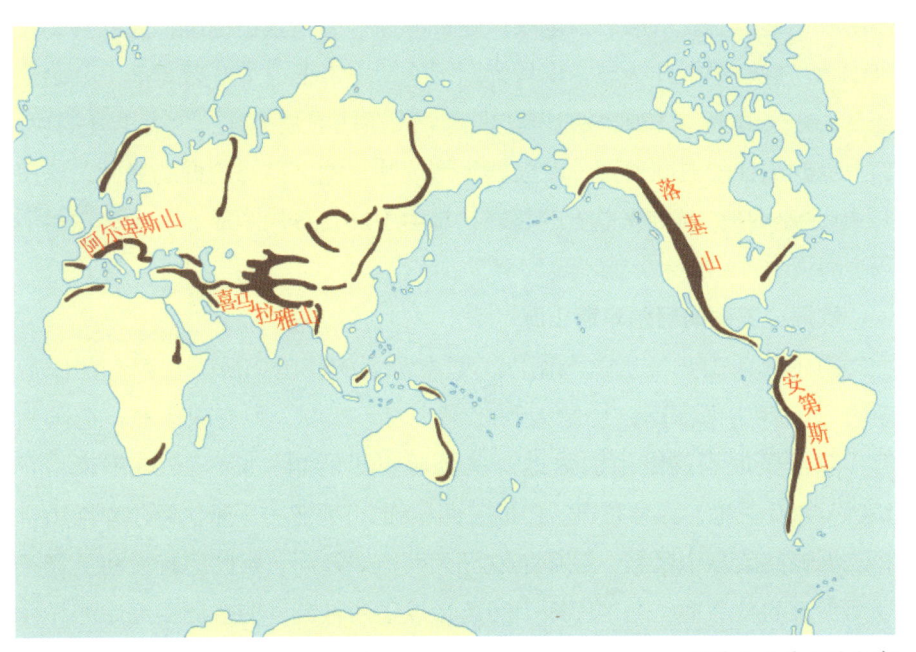

世界上主要山脉分布

七大洲主要山脉与最高峰

亚洲：世界第三极——喜马拉雅山脉

喜马拉雅山脉是世界上最高大最雄伟的山脉。西起帕米尔高原的南迦帕尔巴特峰，东至雅鲁藏布江急转弯处的南迦巴瓦峰，全长约 2500 千米，南北宽 200～300 千米，整个地区平均海拔达 6000 米。喜马拉雅山脉耸立在青藏高原南缘，分布在我国西藏和巴基斯坦、印度、尼泊尔、锡金及不丹等国境内，主峰位于我国和尼泊尔的交界处。

20 亿年前，喜马拉雅山脉的广大地区是一片汪洋大海，地质界称之为"特提斯海"，或俗称"古地中海"，它经历了整个漫长的地质时期，一直持续到距今约 3000 万年前的新生代古近纪末期。在这长期连续下降的海盆里，堆积了厚达 30000 余米的沉积岩层。到古近纪末期，地壳发生了一次强烈的造山运动，地质学上称为"喜马拉雅运动"，使这一地区逐渐隆起，形成了世界上最雄伟的山脉。为什么喜马拉雅山隆起这么快，这么强烈呢？科学家找到了答案，因为印度洋板块强烈向北冲撞亚欧板块，把几万米厚的沉积岩层一下子掀到几千米高的峰顶，与此同时使岩石发生变质作用和构造运动。从那时候以来，这种冲撞作用一直在继续，因此喜马拉雅山脉一直处于上升状态。仅从第四纪冰期（始于约 180 万年前）开始到现在，它又升高了 1300～1500 米，今天还在继续上升。地壳上升得快，加上受到剥蚀的时间很短，就极容易造成整个地区群峰割据的局面：这里有 40 余座海拔 7000 米以上的高峰，其中 10 座超过 8000 米，主峰珠穆朗玛峰海拔 8844.43 米，就不足为奇了。

欧洲：美丽的阿尔卑斯山脉

阿尔卑斯山脉位于欧洲南部，是欧洲最宏伟的山脉。它西起法国尼斯附近的地中海海岸，经意大利北部、瑞士南部、列支敦士登、德国南部，东至奥地利的维也纳盆地，呈弧形东西延伸，长约 1200 千米，宽 130～260 千米，西窄东宽。山地总面积约 22 万平方千米。阿尔卑斯山脊将欧洲隔离成几个区域，是多条欧洲大河（如隆河、莱茵河和波河）和多瑙河支流的发源地。阿尔卑斯山脉还造成了两种迥异的欧洲西海岸海洋性气候带与法国、意大利和西巴尔干诸国地中海气候带。

阿尔卑斯山系的形成与1.8亿年前北大西洋扩张造成的非洲和欧洲间相对运动密切相关。那时候从非洲分裂出的小板块向亚欧板块复合，使非洲与欧洲之间的暖海中出现了一连串岛屿。小板块不断北移，从晚始新世开始与欧洲板块复合，并在均衡作用推动下形成了阿尔卑斯山系。

阿尔卑斯山脉平均海拔3000米左右，最高峰勃朗峰（海拔4810米）位于法国与意大利边境。

欧洲的最高峰是大高加索山脉的厄尔布鲁士山（海拔5642米）。

北美洲：北美洲的脊梁——落基山脉

落基山脉又译作洛矶山脉，是美洲科迪勒拉山系在北美洲的主干，被誉为北美洲的"脊梁"。巍峨的落基山脉绵延起伏，自北向南纵贯4500多千米，由众多的小山脉组成。这条巨大的山脉北起加拿大西部，南达美国西南部的得克萨斯州，纵贯美国西部全境。

落基山地区最初是一个巨大的洼地，到白垩纪初期还是浅海，新生代古近纪—新近纪时发生了大规模的造山运动和火山爆发，岩层发生了强烈的褶曲与压缩，山脉再度隆起，形成了高大的花岗岩山系。180万年前伊始的第四纪时，冰川的作用又留下了陡峭的角峰、冰斗和槽谷等冰川侵蚀地貌，将它改造成现在这样角峰突起的山势。山脉高度平均海拔2000~3000米，有的甚至超过了4000米，4399米的埃尔伯特峰、4202米的加尼特峰和4365米的布兰卡峰突兀其上。

北美洲第一高峰麦金利峰不在落基山脉，而位于美国阿拉斯加州南部，海拔6500多米。有趣的是它夺得了"世界上相对高度最高的山峰"之誉，因为麦金利峰隆起于海拔几百米的平原上，相对高度6000多米，是"矮子里的将军"；而珠穆朗玛峰虽高达8000多米，但那是"巨人肩上的巨人"，相对高度只有4000多米，遂使"将军"独领风骚。

南美洲：世界上最长的山脉——安第斯山脉

安第斯山脉是世界上最长的山脉，几乎是喜马拉雅山脉的3.5倍，是科迪勒拉山系的主干。南美洲西部山脉大多相互平行，并同海岸走向一致，纵贯南美大陆西部。其北段支脉沿加勒比海岸伸入特立尼达岛，南段伸至火地岛，贯穿委内瑞拉、哥伦比亚、厄瓜多尔、秘鲁、玻利维亚、智利和阿根廷等国，全长约8900千米，是南美洲几条重要河流的发源地。

安第斯山脉是一个典型的褶皱山系，地形复杂，南段低狭单一，山体破碎，冰川发育，多冰川湖；中段高度最大，间有宽广的山间高原和深谷，是印加文化的发祥地；北段山脉条状分支，间有广谷和低地，多火山，地震频繁。

安第斯山脉平均海拔3660米，有50多座高峰超过6000米。阿根廷境内的阿空加瓜山（海拔6964米）是南美洲最高峰，也是世界上最高的死火山。此外，安第斯山脉中海拔5897米的哥多伯西峰是世界最高的活火山。

大洋洲：大分水岭

大分水岭是澳大利亚东部新南威尔士州以北山脉和高原的总称，与海岸线大致平行，南北走向纵贯澳大利亚东部，自约克角半岛至维多利亚州，由北向南绵延约3000千米，宽160～320千米，海拔一般800～1000米。它是澳大利亚大陆太平洋水系和印度洋水系的分水岭，也成了北部热带气候区、中部副热带气候区和南部温带气候区的天然屏障：挡住了太平洋吹来的暖湿空气，使山地东西两坡的降水量差别很大，控制了两侧生态环境的发育。

大洋洲最高峰是苏迪曼山脉的查亚峰（海拔5030米），位于新几内亚岛上，是印度尼西亚和巴布亚新几内亚两国的界山，虽然位于赤道附近，峰顶却终年被冰雪覆盖。

非洲：非洲屋脊——乞力马扎罗山

海拔接近6000米的乞力马扎罗山是非洲最高的山峰，它是一个火山丘，位于坦桑尼亚乞力马扎罗东北部，是坦桑尼亚与肯尼亚的分水岭，距赤道仅300多千米。乞力马扎罗山素有"非洲屋脊"之称，而许多地理学家则喜欢称它为"非洲之王"。乞力马扎罗山山顶有一个直径约2000米的火山口。火山口周围布满了冰雪，由于它地处赤道附近，顶部终年积雪，所以有"赤道雪峰"之称。斯瓦希里语"乞力马扎罗"意即"闪亮的山"或"明亮美丽的山"，也许就是由此而来吧。

说到乞力马扎罗山顶的冰雪，还多亏美国作家海明威的文学作品《乞力马扎罗的雪》和后来改编的同名电影，竟使本来同样埋没于各大洲众高峰之中的非洲屋脊有了"出人头地"的机会，这或许就是文化的魅力所在吧！

乞力马扎罗山的最高峰是基博峰，海拔5895米，是非洲的第一高峰。

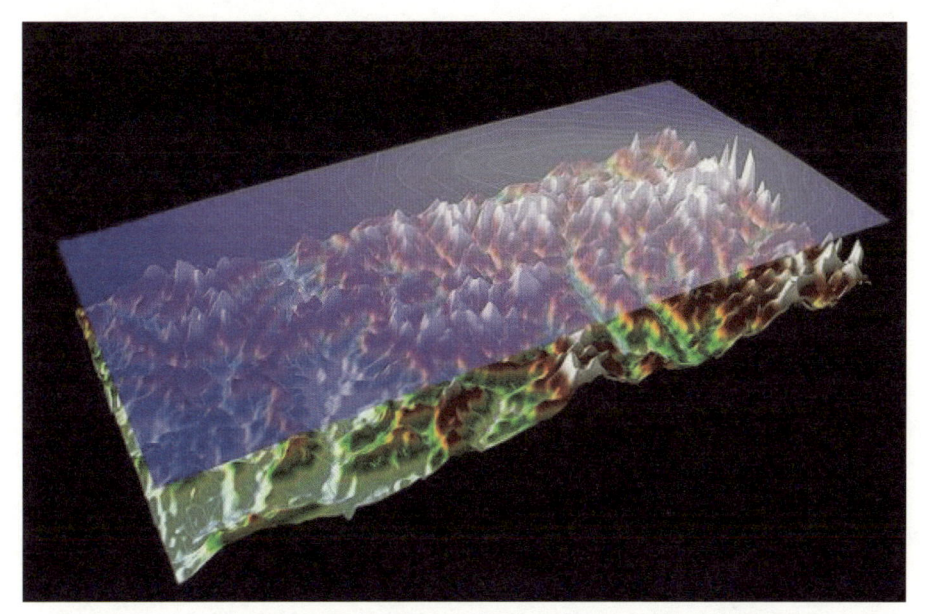

利用雷达回声探测技术绘制的隐藏在南极冰层下的甘布尔泽夫山脉

南极洲：南极山脉与冰下的甘布尔泽夫山脉

南极山脉从维多利亚地延伸到威德尔海，绵延 3500 余千米，将南极洲分为东南极洲与西南极洲。山脉的平均海拔达 4500 米。

美国研究人员 2009 年 12 月宣称，隐藏于南极洲中心位置冰盾之下 4800 米的 "鬼峰" 甘布尔泽夫山脉在高度和形状上都与阿尔卑斯山脉十分相似，拥有巨大的山峰和深深的山谷。根据探地雷达数据，研究人员最终绘制了甘布尔泽夫山脉的照片。它可能是广袤无垠的南极洲东部冰盖的发源地，对它的研究将有助于探讨全球气候变化。

南极大陆埃尔沃斯山脉的主峰——文森峰海拔 5140 米，是南极洲的最高峰。

主要的海底山脉

前面已经说过，除了坦荡的深海平原，海山、海丘、海岭和海沟在海底形成了一个高低起伏的世界。

海底最大的山脉是洋中脊，它是一条巨大延伸的海底山系。大西洋、印度洋、太平洋的洋中脊是互相联结的一个整体，是全球规模的洋底山系。

它起自北冰洋,纵贯大西洋,东入印度洋,再连接太平洋海隆,北上直达北美洲沿岸,全长达8万多千米,相当于陆地上山脉的总长度。

大西洋洋中脊的山峰呈锯齿状,位于大西洋中部,总体上与东西两岸平行,呈"S"形纵贯南北。自北极圈附近的冰岛开始,曲折蜿蜒直到南纬40°,长达1.7万千米,宽1500～2000千米不等,约占大西洋面积的1/3。内部的高度差别很大,许多地方高出海底5000多米,平均高度也有3000多米。高出海面部分便是岛屿,如冰岛就是大洋中脊的出露水面部分。这样巨大规模的山系,是陆地上任何山脉无法比拟的。更为奇特的是,在大洋中脊的峰顶,沿轴向还有一条狭窄的地堑,称中央裂谷,宽30～40千米,深1000～3000米,将大洋中脊的峰顶分为两列平行的脊峰。

印度洋洋中脊呈"人"字形分布。西南的一支绕过非洲南端,与大西洋洋中脊相连接;东南走向的一支绕过大洋洲,与东太平洋海隆的南端相衔接。这两支洋中脊在印度洋中部靠拢,在印度洋北部合二为一,并向西北倾斜,构成了一个大大的"人"字形,成为印度洋的"骨架"。

太平洋洋中脊独具风格,它不在太平洋中间,而是偏于大洋的东侧。它从北美洲西部海域起,向南延伸作弧形走向,转向秘鲁外海,向南接近南极洲,通过南太平洋后折向西绕过澳大利亚,与印度洋洋中脊的东南支相衔接。

中央裂谷是地震的多发带,也是地球内部能量的释放区域。洋中脊的中央裂谷是地壳最薄弱的地区,地幔中的岩浆几乎随时都能从这里溢出,遇到冷的海水便凝固成岩石。所以这里也就是产生新洋壳的地方。较老的大洋底,不断地从这里被新生的洋底推向两侧,更老的洋底被较老的推向远方。用板块构造学说的观点看,洋中脊就是大洋地壳增生的始发地。

大西洋洋中脊

中国的主要山脉

山脉的延伸方向称山脉的走向。地质历史上多次复杂的构造运动造就了我国山脉的四种走向。各种走向的山脉纵横交错，构成了我国地形格局的主要骨架，成为地理上重要的分界线。

东西走向的山脉

中国东西走向的山脉主要有三列，自北向南依次为：天山—阴山山脉；昆仑山—泰山山脉；南岭山脉。

天山山脉横亘于新疆中部，总长2500千米，宽250～300千米，平均海拔约5000米，分隔准噶尔与塔里木两大盆地。它的西段延入哈萨克斯坦和吉尔吉斯境内。天山山脉的主峰托木尔峰（7435米）和比较高的山峰汗腾格里峰（6995米）、博格达峰（5445米）都在中国境内。新疆的锡尔河、楚河和伊犁河三条大河都发源于天山山脉。

阴山山脉蜿蜒于内蒙古自治区中部，其东段进入河北省西北部，连绵1200多千米，南北宽50～100千米，是黄河流域的北部界线。阴山的蒙古语名字是"达兰喀喇"，意思为"七十个黑山头"，表明它"山头林立"。阴山南坡山势陡峭，北坡则较平缓，山脉的平均海拔1500～2300米。

昆仑山脉是中国西部山系的主干，西起帕米尔高原，横贯新疆维吾尔自治区与西藏自治区，向东伸入青海省西部，直抵四川省西北部，长2500千米。

泰山山脉突兀于山东省中部，从东平湖东岸向东北延伸至淄博市南，沿黄河南岸绵延共约200千米。

南岭山脉由越城岭、都庞岭、萌渚岭、骑田岭和大庾岭五座山组成，故又称"五岭"。它逶迤于广东、广西、湖南和江西四省区交界处，是江南

最大的横向构造带山脉，因而成为长江和珠江两大水系的分水岭。

东北—西南走向的山脉

中国东北—西南走向的山脉也有三列。第一列自东北向西南，依次为大兴安岭—太行山—巫山—雪峰山斜向排列。这一条线以西地形以高原、盆地为主，以东以平原、丘陵为主。第二列自北向南为长白山脉—武夷山脉。第三列为台湾山脉。自西向东排列的这三列山脉都是受挤压而隆起的褶皱山。

大兴安岭山脉北端起自黑龙江南岸，南止于赤峰市境内西拉木伦河上游谷地，长达1400千米，宽约200千米，海拔1000～1600米，最高达2000米。

太行山脉又名五行山、王母山、女娲山，是中国东部地区重要的山脉和地理分界线。它北起北京西山，南达豫北黄河北崖，西接山西高原，东临华北平原，绵延400余千米，为山西东部、东南部与河北、河南两省的天然界山。太行山北高南低，大部分海拔在1200米以上。

巫山山脉位于渝鄂交界区，自巫山县城东大宁河起，至巴东县官渡口止，绵延40余千米，北与大巴山相连，主峰乌云顶海拔2400米。长江截断了巫山云雨，而巫山分隔了四川盆地与长江中下游平原。

雪峰山脉主体位于湖南中部和西部，是湖南省境内的主要山脉。山脉长350千米，主峰苏宝顶高1934米。它南起湖南省与广西壮族自治区边境，与八十里大南山相接，北止于洞庭湖滨。

长白山脉，北起完达山脉北麓，南延至千山山脉老铁山，长1300余千米，东西宽约400千米，略呈纺锤形。

武夷山脉长500余千米，平均海拔1000米以上，纵贯江西、福建两省的交界处，通常称之为"大武夷山"。最高峰黄岗山（海拔2158米）也是中国东南部的最高峰。

台湾山脉位于台湾本岛，有"台湾屋脊"之称，海拔3000～3500米，由中央山脉、玉山、阿里山和台东山组成，纵贯台湾岛中部偏东，长360千米。

南北走向的山脉

这一走向的山脉不多，仅有青藏高原东缘的横断山脉、宁夏西部的贺兰山等。

横断山脉为四川、云南两省西部和西藏自治区东部一系列南北向平行山脉的总称。东起邛崃山，西抵伯舒拉岭，北达昌都、甘孜至马尔康一线，南抵中缅边境的山区。由北向南地势渐降，区内山高谷深、山河相间，极大地阻碍了东西交通。这样的南北向山脉挟裹着金沙江（上游）、澜沧江和怒江滚滚向南而去。

贺兰山脉位于宁夏回族自治区与内蒙古自治区交界处，海拔 2000～3000 米，主峰敖包圪垯位于银川西北，海拔 3556 米，是宁夏境内的最高峰。贺兰山脉为近南北走向，绵延 200 多千米，宽约 30 千米，是西北地区的重要地理界线。

其他走向的山脉

其他走向的山脉包括西北—东南和弧形的山脉。

西北—东南走向的山脉有阿尔泰山脉（位于新疆北部，中蒙、中俄边境）和祁连山脉等；弧形山脉有位于中国西南中印、中尼边境的喜马拉雅山脉。

阿尔泰山脉在中国境内部分长达 500 余千米，南邻准噶尔盆地，主要山脊高度在 3000 米以上，北部的最高峰友谊峰海拔 4374 米。

祁连山脉位于青藏高原北缘，地跨甘肃和青海两省，西接阿尔金山脉，东至兰州兴隆山，南与柴达木盆地、青海湖相连。山脉西北至东南走向，由数条近似平行的山脉组成，平均海拔 4000 米以上，长约 1000 千米，宽 200～500 千米。

阿尔泰山脉（刘嘉麒 摄）

山文化的科学元素

山是地球的杰作，确切地说是大自然的杰作，是内动力地质作用与外动力地质作用共同完成的伟大"作品"。把深埋于地底下几百上千米甚至上万米厚的岩层一下子掀到地面之上，谁能有这么大的力气？唯有地球，唯有大自然！把山石掀到地面后，地球又开始新一轮的动作：风化、剥蚀、搬运和沉积……年复一年，高高的山头被一点一点地剥去，深深的峡谷被一寸一寸地填平。这就是大自然的力量。

不过这样的杰作绝不是随心所欲的"涂鸦之作"，而是依照大自然的规律、科学的规律一步一步实现的，使这些"作品"充溢着科学的元素，留下了大自然生命的痕迹。地球科学文化就是要从这些痕迹中找出科学的元素，找出文明的印记。

我们先从山所蕴含的资源、山的科学价值和潜在的灾害，看一看山到底有哪些科学元素。

山——地球的"馈赠"

"自然资源"是指生产资料和生活资料的天然来源。地球上的自然资源都是数十亿年来地球演化过程中制造、保存、储存下来赐予人类的,就看你找得到找不到,就看你会不会利用。这里说的"找得到找不到"是指地下的实物,譬如煤、石油、金、银、铜、铁、锡,等等;"看你会不会利用"就难了,譬如自然景观、科学实验场所、深山探险……可以说,山能提供"只怕你想不到"的所有可以利用的东西。

埋藏宝藏的"金山银山"

自古以来,人们就把矿产和山联系在一起,称矿产的产出地为"矿山",这正说明矿产与山脉的形成和演化有着千丝万缕的联系。

露天矿山(倪集众 提供)

首先看看什么叫"矿产"。

矿产泛指由地质作用形成的赋存于地壳之中（或埋藏于地下，或出露于地表）、可供人类利用的呈固态、液态或气态的自然资源。既然矿产是可供人类利用的自然资源，那么可以说，山本身就是一种矿产。因为从古至今，山上的土石就被人类所广泛应用，石灰岩用来烧制石灰，作冶炼添加剂等；黏土岩用来烧制砖瓦，作耐火材料等；大理岩、花岗岩等用来作建筑材料、装饰和工艺石材……而且，造山运动本身就是一种重要的成矿地质作用。前面已经说到，构造运动导致地壳发生褶曲和断裂，形成山体。在构造应力的作用下，岩石中各种成分的化学活性增强，使那些原本较均匀地分布在岩石中的有用元素，都向着自己喜欢的方向迁移和聚集。与此同时，构造作用形成了许多大大小小的断裂和裂隙，为这些含有诸多矿物成分的矿液提供了运移通道和聚集空间。通过一系列复杂的运移和沉淀后，一些元素便在适宜的地段富集起来形成矿体。多个矿体聚集在一起，达到开采的品位和技术要求后，就形成了矿床。尤其是岩浆作用的后期阶段，岩浆中的矿液含有特别丰富的成矿元素，常常形成大型的矿床。

颐和园昆明湖中用大理岩砌成的石舫

你或许又要问，我们怎么能获取埋藏在地壳深处的矿产呢？别担心！造山运动又像一台巨大的挖掘机，会把那些深埋在地下数千米甚至数十千米的矿产"翻"到地面或近地表处，供我们开采和利用。

造山运动形成的复杂地质构造还会促使矿产资源的局部富集。譬如，那些含有油气的沉积岩层，由于受到巨大压力而发生变形，石油都跑到背斜构造里去了，形成油气富集区。所以，地质构造中的背斜常常成为储藏石油的"仓库"，在石油地质学上称为"储油构造"。通常，由于天然气密度最小，处在背斜构造的顶部，石油处在中间，下部则是水。

造山运动之后，山中蕴藏的矿产暴露于地表或近地表，遭受风化作用，

在岩体的顶部形成以铁、铝、锰的氧化物和氢氧化物为主的丘形风化壳，俗称"铁帽"。这种风化壳不但常被当作寻找原生矿床的重要标志，而且通过外生富集作用，本身也成为重要的矿床类型。譬如著名的贵州中部地区的铝土矿，形成于3.6亿年前的早石炭世，但在以后暴露于地表的风化过程中，逐步富集形成了巨厚的风化沉积矿层。国外一些铁矿、铜－镍矿或铝土矿也是通过这种"铁帽"才被发现的，揭开"帽子"一看，原来更好、更富、更大的矿还在下面呢！另外，原生岩体中化学稳定性高的矿物（如自然金、金刚石、石英等）在地形的改造过程中常被保存下来，并在适宜的地段重新沉积和富集形成砂矿。譬如闻名世界的缅甸红宝石，其最重要的产地位于从古都曼德勒东北的抹谷到腊戍之间方圆几百平方千米的山区，矿石多产出于风化后的冲积或残坡积砂砾沉积物中，有的被冲进河流，人们再从河中重新淘出宝石来。所以说，"山中有矿"好理解，殊不知在造山之后还能形成许多矿产。

润泽万物的"高山流水"

水是万物之源，地球因为有水而孕育了勃勃生机。先让我们来看看这些成语吧！山清水秀、山水相连、跋山涉水、依山傍水……为什么山总是与水形影相随、亲密无间呢？因为山孕育了水，水滋润了山；有了山的"高"，才有水往"低"处流。

那么，山是如何孕育水的呢？我们知道，水是由空气中的水蒸气冷凝而成。而山高峻挺拔，"高处不胜寒"，山中水汽凝结，或化作点点露珠，汇聚涓涓细流，滋润山中万物；或固存于冰川冻土，成为淡水源的"仓库"，源源不断地向山下流去。所以，山常常是各种水流的发源地，成为地球上大江大河奔腾入海的"起跑点"。

我国民间有种说法："山上多栽树，等于修水库；雨时能蓄水，旱时它能吐。"也就是说，山上的土壤和森林有极强的涵养水源、保持水土的作用。山中的腐殖土就像一块巨大的海绵，能吸收水分、延缓径流，而植物的茎叶对雨水产生截流作用，降低了雨水对地面的冲刷，起到了保持水土的作用。可以说，一座植被茂密的山就是一座容量巨大的水库。

让我们来看看山的储水功能到底有多惊人吧！青藏高原被形象地称

九寨沟：涵养水源的青山（倪集众　提供）

为"中华水塔"，它的内部结构独特，非常适合储水。"水塔"中有冰川、冻土、湿地、草原、森林、湖泊等。这个巨大的"水塔"哺育了亚洲多条河流，是中国最大的河流长江和黄河的共同发源地。据统计，长江水量的25%、黄河水量的49%、澜沧江水量的15%都来自青藏高原。2010年科学家初步估算，仅青藏高原多年冻土区的地下冰总储量就达9528立方千米，这个数字是我国最大内陆湖——青海湖容积的100多倍。

"山高水低"，山的巨大高差，让水产生了磅礴之势。这磅礴的气势使破山而出的水产生了丰富的水能，水能又转化为电能。巨大的水能资源不仅是国民生产生活的重要动力保障，还以清洁能源的身份为环境保护做出重大贡献。譬如我国的三峡水电站，总装机容量2250万千瓦，年最大发电量约1000亿千瓦时，这相当于每年节省5000万吨火电用煤和1600多千米的燃煤运输成本。而且与相同发电量的燃煤火电站相比，它每年可少排放1亿多吨二氧化碳、200万吨二氧化硫和37万吨氮氧化物。这不仅仅是流水的贡献，也有高山的功劳！

> **相关链接**
>
> 玉龙雪山上的冰川（倪集众 提供）
>
> 冻土（倪集众 提供）
>
> 冰川是分布在两极或高山地区、由大气降水积累演变而成、在重力作用下缓慢运动的长期存积的天然冰体。冰川分为大陆冰川和山岳冰川两大类。它是地球上最大的淡水资源，也是地球上继海洋之后最大的天然水库。
>
> 冻土是指0℃以下，并含有冰的各种岩石和土壤。冻土一般可分为短时冻土（数小时、数日以至半月）、季节冻土（半月至数月）以及多年冻土（数年至数万年以上），它们主要分布于地球上的高纬度地带和高海拔山区，蕴含丰富的地下水。

美不胜收的"绿水青山"

　　山在地球永不停歇的构造运动中产生，在大自然鬼斧神工的改造中成型，它千变万化的形态，它的雄、险、奇、秀，不知醉倒多少名人雅士，引发多少诗情画意。这就是山的自然景观资源的魅力。

　　雄，即雄伟强壮，魁梧崔嵬。它是由山体庞大规模而体现的一种巍峨、挺拔、厚重的气势。看那喜马拉雅山脉，西起帕米尔高原，东至雅鲁藏布江大转弯处，连绵横亘近2500千米，巍然屹立于青藏高原的南部边疆，在全球14座8000米以上的高峰中独占10座。再看看"登泰山而小天下"

的东岳，虽然海拔只有 1545 米，但比海拔仅有 100 多米的辽阔坦荡的华北平原东部高出了 1360 米！凭着这千余米的高差，雄者，伟者，君临天下，"舍我其谁"。

险，即险峻陡峭，如临深渊。它是由于山体坡度陡而滑，山脊高而窄所呈现的山峰孤立高耸、悬崖绝壁林立的奇观，常常让人发出远看"刺破青天锷未残"、近看"崖壁陡峭心胆寒"的感叹。以险峻闻名于世的西岳华山，主峰高约 2100 米，四壁与地面几乎呈直角，而从峰顶至谷底高差达千余米，要找到一条上山的路实在是难上加难，"自古华山一条路"真是名不虚传啊！险峻山体的形成多与地壳升降过程中的断层有关。华山的众多陡壁，以及泰山的唐摩崖、舍身崖都是断层造成的断层崖。而张家界笔直陡峻的石英砂岩峰林，则与岩层中密布的垂直节理的风化破裂密切相关。

奇，即指山形或山峰形态奇异，姿态万千。以奇著称的黄山由于山形奇特，沟壑纵横，连带造成了石奇和云（雾）奇，于是奇峰、奇石、奇松、奇云应运而生。黄山由一个巨大的花岗岩岩体构成，花岗岩的风化使之出现一座座形态各异的奇峰。在小范围内便是奇形怪状的石块——奇石，它们有的呈悬崖、石柱，有的为石林、石蛋；再加上构造运动的推移，便有了断崖、陡崖和飞来峰。松树的生长对土壤要求不高，它的种子只要有一

壮美的喜马拉雅山

险峻的华山

点点可以"落脚"的地方，就能发芽、生根，茁壮成长，当然阳光和水分是断断不能缺少的。为了争取到仅有的一点水分和阳光，它们在崎岖的石面上努力生长，于是有了黄山的"无石不松，无松不奇"。黄山松独有自己的生态形式：顶平干直，或盘根于危岩之上，或破土于峭壁之间，扎根于缝隙之中，沐浴着阳光而蓬勃生长。这就是黄山奇松的生态品格。黄山的奇云（雾）就见怪不怪了，因为那里一年之中有两百多天云雾缭绕，沟壑纵横的地形又使云雾变化多端，游人在山谷中穿行，自然是淡云浓雾扑面

相关链接

一般所谓的飞来峰是指产出状态比较突兀的山峰，即看起来与其"底座"岩石关系不密切，像从另一个地方"飞来"的岩块。但严格来讲，飞来峰是一个地质术语，指由逆断层推覆而来的岩块。表现为老岩层覆盖在新岩层之上，形成了"儿子背老子"的反常地质形态。

而来。

　　秀，即俊美秀气，雅致玲珑。这是山体在茂密的植被、潺潺的溪流、变幻的云彩映衬和点缀下所透露出的温润、温馨的秀美。在以秀闻名的桂林，那里的山、水、洞、石以各自的特色组成"四绝"：山是青的，水是秀的，洞是奇的，石是美的；这样多种景观的融合，赢得了"桂林山水甲天下"的美誉。

　　山的这种雄、险、奇、秀不是孤立的，而常常是你

丹霞山奇峰——阳元石（刘嘉麒 摄）

中有我，我中有你：雄伟中透出秀丽，险峻中显出旖旎，秀色中不乏奇伟，惊险中又让人留下美好的回忆。拿清秀飘逸的峨眉山来说吧，它山势雄伟，隘谷深幽，飞瀑如帘，云海翻涌，林木葱茏，从整体看它是那样的清新秀丽，而从某些地段看，又各自有着或雄、或险、或奇、或秀的景观特点。这说明素有"峨眉天下秀"之称的峨眉山，是以秀为主调，秀得那么宏大，那么奇特。这种秀可称为雄秀、奇秀。

广西阳朔如画的青山秀水（麻少玉 摄）

"漫山遍野"蕴含无限生机

森林资源是林地及其所生长的森林有机体的总称，包括林木资源、林中和林下植物、野生动物、土壤微生物及其他资源。森林资源是地球上最重要的资源之一，它不仅能为人类的生产和生活提供宝贵丰富的原材料，还有独特的天然功能：调节气候，涵养水土，防止和减轻旱涝、风沙、冰雹等自然灾害。

那么，山地上的森林中到底有哪些资源呢？我们从资源的角度把它归纳为植物资源、动物资源和生物多样性资源。

地球上广阔的山地里分布着非常丰富的植物资源。我国的三大林区（东北林区、西南林区和南方林区）都分布在山区。大兴安岭、小兴安岭和长白山组成的东北林区是我国最大的森林区，以针叶林为主。西南林区包括四川、云南和西藏三省区交界处的横断山区，以及西藏东南部喜马拉雅山南坡等地区。南方林区包括秦岭、淮河以南，云贵高原以东的武夷山、南岭、赣闽粤丘陵地带，以及台湾山地和海南岛等地，它是我国热带和亚热带的森林宝库。同样，世界上其他重要林区也都与山地密不可分，如欧洲的森林主要分布于北欧和阿尔卑斯山、比利牛斯山等山岳地带。

丰富的植物资源是动物与微生物生存、繁衍的物质基础。植物作为初

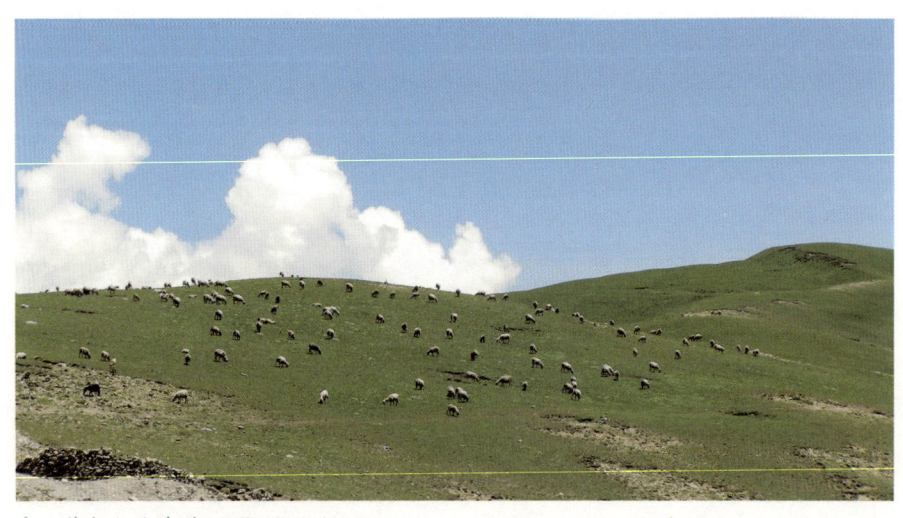

高山草甸上的羊群（倪集众　提供）

梵净山蘑菇石（麻少玉 摄）

级生产者为动物和微生物的生存提供了丰富的食物，而山脉的屏障作用及其郁郁葱葱的植被屏障又是动物天然的栖息地和庇护所。东北山区的珲春就是国家级东北虎自然保护区，那里山高林密，人迹罕至，是濒临灭绝的东北虎最后的留守地。同时，丰富的植物资源也孕育了除东北虎外的其他8种国家Ⅰ级重点保护野生动物和33种国家Ⅱ级重点保护野生动物，堪称野生动物的理想家园。同样，西南林区也是大熊猫、金丝猴等珍稀动物"世袭"的乐园。

生物多样性是衡量生物资源丰富和完整的最重要的指标。山岳特殊的构造和形态特点，造就了垂向和横向上的气候分带性，孕育了丰富的生态群落。武陵山脉的主峰梵净山海拔2572米，并不算高，但是地处云贵高原，气候分带明显，植物靠着"一山有四季，十里不同天"的天气，从海拔500米左右的山麓地带到1300～1400米地带，生长着常绿阔叶林；海拔1400～1900米地带则为常绿落叶阔叶混交林带；海拔1900～2100米又是落叶阔叶林的天堂。山虽不大，林也不是很深，这里却有2000多种植物和382种脊椎动物，其中有以珙桐为代表的国家重点保护植物21种，以黔金丝猴为代表的国家保护野生动物14种。更被科学界所关注的是，世界上共有15种植物区系地理划分，梵净山就有13种，是我国生态和环境

> **相关链接**
>
> 生物多样性是指一定范围内,多种多样活的有机体(动物、植物、微生物)有规律地结合,所构成的稳定的生态综合体。"多样性"包括动物、植物、微生物的物种多样性,物种的遗传与变异的多样性以及生态系统的多样性。当今,生物多样性保护是生物科学中最为紧迫的任务之一,也是生物学界最为关心的焦点问题。

保持最为完好的森林。因此,1978年梵净山被国务院确定为国家级自然保护区,1986年被联合国教科文组织接纳为全球"人与生物圈"保护网成员单位。这样的自然保护区除了得益于整体区位和气候特点外,山区自身的特性当是首要的条件,不然就不能解释相邻地区为什么找不到第二个这样的自然保护区了。

"他山之石"诉说沧海桑田

山地蕴含着极为丰富的自然演化历史信息,一直是人类进行科学研究的重要场所,为人类探索自然和认识自然提供了天然的实验室。

为了使山地成为可持续供给自然资源的基地,人类必须对它进行深入系统的保护和研究。数十年来,随着人类对自然环境和自然资源认识程度的提高,各种类型的保护区也应运而生。

例如,为了拯救濒危物种大熊猫,我国先后在四川卧龙、四姑娘山和夹金山脉地区建立了7个自然保护区。2006年,这些自然保护区连同天台山、二郎山等9个风景名胜区联合建成"四川大熊猫栖息地",并被列为世界自然遗产。迄今,除了"四川大熊猫栖息地"外,我国主要的世界遗产地都与山有关,如泰山、黄山、武夷山和峨眉山等自然与文化双重遗产,以及"武陵源风景名胜区""中国南方喀斯特""江西三清山风景名胜区""湖北神农架"等世界自然遗产地。这些世界遗产地为研究和保护自然景观和生态系统提供了天然场所和物质保障,成为当之无愧的天然实验室。

可可西里自然保护区的藏羚羊（倪集众　提供）

地球不但为人类提供了丰富的矿产，而且演化过程又通过地层、构造、古生物化石和地貌等地质遗迹保存下来。这些地质遗迹具有极高的美学价值和科学价值，成为对游人普及地球科学知识的天然博物馆。对这些地质遗迹的研究，可使我们进一步探索区域乃至全球的地质演化历史，为自然资源的开发保护、古气候与古环境研究、地质灾害防治和环境保护等提供重要的科学依据。

非洲乞力马扎罗山冰盖的变化就是一个发人深省的实例。随着全球气候变暖，乞力马扎罗山的冰川体积在过去100年间减少了将近80%。如果再持续恶化下去，很快乞力马扎罗山上的冰盖将不复存在。这一过程被看作人类活动导致全球环境恶化的缩影，引起联合国等国际组织的高度关注。

在被誉为中国"地质百科全书"的河南嵩山国家地质公园，清晰地保存着发生在距今23亿年（地质学上称为嵩阳运动时期）、18.5亿年（中岳运动时期）和5.7亿年（少林运动时期）的三次早期全球性地壳运动形成的沉积间断和地层角度不整合界面遗迹，使嵩山地区成为研究地球发展早

乞力马扎罗山

期阶段地壳演化过程的最佳场所和经典地区之一。

如果说上面的实例还不足以说明山地这一天然实验室的重要性的话，再来看看青藏高原的研究。很难想象吧！现在的世界屋脊以前曾是一片波涛滚滚的辽阔海洋，称为"特提斯海"或"古地中海"。那时候这里气候温暖，是海洋动植物生存繁衍的天堂。而如今，作为沧海桑田的见证，青藏高原的一山一石正向我们诉说着当年"山崩地裂"和"暗潮涌动"的历程：2.4亿年前，板块运动作用使印度板块开始向北移动并挤压冲撞亚欧板块，在它们的接合部位发生了强烈的褶皱、断裂和抬升，使昆仑山和可可西里地区隆升为陆地。印度洋的不断扩张，导致拼合的印度板块与亚欧大陆之间发生大陆岩石圈俯冲，俯冲带地壳被挤压，分层变形和加厚，使原来的特提斯海不断被蚕食而逐渐消失。距今3000万年前，印

记录沧海桑田的化石（蒋玺 摄）

> **相关链接**
>
> 　　一个地区的地层之间的接触关系，从一个侧面记录了该地区地壳运动的演化历史。地层的接触关系可分为整合接触和不整合接触。如果上下地层在沉积层序上没有间断，岩性或所含化石都是一致的或递变的，说明它们是连续沉积的，称为整合接触。如果上下地层间的层序有了间断，这种沉积间断的时期可能代表没有沉积作用的时期，也可能代表以前沉积的岩石被侵蚀的时期；地层间的这种接触关系称为不整合接触。不整合接触可分为平行不整合和角度不整合两类。平行不整合表现为上下两套地层的产状彼此平行，但之间缺失了一些时代的地层，表明地壳只是由于升降而缺失沉积地层；角度不整合则表现为上下两套地层之间不仅有地层的缺失，产状也不一样。上下两套地层的关系表明期间地壳发生了构造运动，下面的岩层发生过褶皱或断裂以及相当时期的沉积间断，时间可能长达几百万年或几千万年甚至更长。
>
> 整合接触　　平行不整合　　角度不整合
>
> 地层接触关系示意图

度板块继续向北挤压，引发了强烈的喜马拉雅运动，特提斯海被掀上了几千米的高空，变成了高耸的青藏高原。距今1万年前直到现在，青藏高原在以平均每年7厘米的速度快速上升。这个地球上最年轻的高原当之无愧地"升任"为"世界屋脊"。

探险者的乐园——深山幽谷

　　山以高高在上的姿态和宽广的胸怀充满了神秘和新奇，使人们不但敬畏，更产生莫名的好奇和向往。不管是充满艰险、挑战人类极限的珠峰探

深山峡谷——贵州北盘江峡谷（倪集众　提供）

险，还是处处惊奇、感受野人秘境的神农架探秘，自古以来深山老林就是探险家和探秘者的乐园。二十世纪，我国最重要的科学探险当属雅鲁藏布大峡谷的发现。

神秘的雅鲁藏布大峡谷被称为"地球上最后的秘境"。它位于喜马拉雅山脉东侧，北倚念青唐古拉山，东望横断山脉，延绵504.6千米，最深处6009米，是当之无愧的世界第一大峡谷。几条著名山脉在此交会，深大的峡谷与冰峰雪岭遥相辉映，拉近了时空距离，在空间上给人以强烈的视觉冲击。这个大峡谷不仅以其深度、宽度名列世界峡谷之首，更以其丰富的科学内涵和宝贵的自然资源引起全球科学家的瞩目。

现已查明，雅鲁藏布大峡谷地带是世界上生物多样性最丰富的地区。由于复杂多样的气候条件和丰富的植被，它被誉为"植物类型天然博物馆"和"生物资源的基因宝库"。印度板块与亚欧板块俯冲的东北角这个特殊的地理位置，造就了多种多样的地质现象，是罕见的"地质博物馆"。这里有世界最北的热带气候带和自然带，站在大峡谷上可看到5000米的垂直高差，拥揽从极地到热带的几乎全部自然分带，景观的多样性和完整性为世界所罕见。雅鲁藏布江自西向东奔腾而去，生发出世界上最丰富的水能资源。

雅鲁藏布大峡谷的发现,凝结了几代中国科学家长期的艰辛努力。仅在二十世纪七十年代到世纪之交,各相关学科的科学家就先后8次组队进行综合性科学考察。1994年4月18日,新华社向世界宣布:雅鲁藏布大峡谷是世界第一大峡谷!1998年年底,由气象、测绘、水利、水电、冰川、地质、生物、植物等学科的科学家和新闻工作者组成的科考队,历时40多天,穿行近600千米,实现了人类首次徒步穿越雅鲁藏布大峡谷的历史壮举。时至今日,神秘莫测的雅鲁藏布大峡谷还在深深吸引着无数的探秘者和科考队。

山地运动的竞技场——冰山雪海

古代中国人对山的看法与西方人不同。中国人持纯欣赏的态度游山玩水,然后吟诗作赋抒发对山的赞美,或借景生情,或借山讽世。而西方人则是抱着健行和征服的"壮志",因而与山有关的运动多起源于西方国家。与山有关的运动不胜枚举,有登山、滑雪、滑翔、滑草、攀岩,以及与山地有关的长跑、自行车、摩托车运动等。

登山

山上的体育运动,最常见的当属登山。登山是指在特定要求下,运动员徒手或使用专门装备,从低海拔处向高海拔山峰攀登的一项体育活动。根据不同的目的,登山可分为健身性登山、高山探险和竞技攀登。健身性登山主要以观赏、游览、领略风光为目的,攀登对象一般是海拔3500米以下的山地;高山探险则以攀登雪线以上的高峰绝顶为目的,在登山过程中要承受高山缺氧、雪崩、滚石、滑坠等艰难险阻的考验,有时还要付出生命的代价,但这也正是登山的神奇和魅力所在。竞

2008年北京奥运圣火在珠峰点燃

技登山是一种运用熟练的攀登技术和各种装备，专门攀登悬崖峭壁或冰壁的登山活动，分为攀岩和攀冰两种运动形式，是集健身、娱乐、竞技于一体的运动。

正因为人类对高山的崇拜和敬仰，让高山探险成为最具挑战性和文化性的登山项目。且不说地球上的绝顶高峰每年吸引着无数登山探险者，看看2008年北京奥运会的圣火在珠峰点燃，正代表了人类征服自然、勇攀高峰的雄心壮志和运动员向更高、更快、更强目标奋进的决心。

滑雪

滑雪是运动员把滑雪板装在靴底，在雪地上进行竞速、跳跃和滑降的竞赛运动。世界上最著名的滑雪场都位于风景优美的山区。阿尔卑斯山脚下的瑞士是久负盛名的滑雪天堂，这里有地处策马特和勃朗峰之间的维毕尔滑雪场。号称美国滑雪文化之都的斯蓬滑雪场，则由四座各具特色的滑雪山地组成。位于欧洲最高峰勃朗峰靠近法国一侧的查默尼克斯滑雪场，以高山滑雪和登山闻名于世，1924年第一届奥林匹克冬季运动会就在这里拉开战幕。

跳台滑雪

滑翔与滑草

滑翔是凭借滑翔伞，利用空气浮力在空中飘行的运动。滑翔伞是自由飞行器，通常从高山斜坡起飞。滑草则是使用特殊器具在倾斜的草地上滑行的运动，它和滑雪一样能给运动者带来动感和刺激。滑草比滑雪更具有娱乐性，更能体验人与大自然的和谐。滑草时需要的场地较大，甚至占据整个山坡，在感受风一般速度的同时又能领略到大自然的美好。

滑草

火山资源——地球为人类开的"小灶"

火山喷发是地球释放内部能量的过程，是一种重要的地质作用。火山喷发虽然对整个地球地貌的改造远不及板块运动塑造地表形态那样强烈，但也绝不仅仅是地球即兴的"烟花表演"。火山喷发还是地球创造自然财富的重要手段，而且它创造自然财富的方式和蕴含的资源有很多独到之处，可以说，火山资源是地球为人类开的"小灶"。

火山"点石成金"

火山活动能形成丰富的金属及非金属矿产，如金、银、铜、铁、金刚石、自然硫、方解石和石棉等。火山是由熔融状硅酸盐岩浆从地壳薄弱的地段冲出地表、冷凝堆积而形成。这些岩浆在喷发前待在地下的"小房间"里，称为"岩浆房"（再小一点的"房间"称为"岩浆囊"），它们携带有大量的成矿物质，在不断上升的过程中，岩浆往往会熔化、溶解和同化周围的岩石，使岩浆本身成分发生改变。富含金属或非金属元素的岩浆在上升时遇到合适的成矿环境和条件时，一些矿石组分便会从岩浆中离析出来，形成矿产。它们要么随岩浆喷出地表，要么在地球内部逐步冷凝形成含矿侵入体。世界上许多金属矿产都与岩浆的侵入、冷凝以及喷发过程有关，如我国的攀枝花钒钛磁铁矿矿床、镜铁山铁矿床、金川镍-铂矿床等。

火山活动还是宝玉石矿物的重要来源。全球主要的金刚石矿

红宝石矿石

爪哇岛火山口硫黄矿

床被证明都与岩层侵入或喷发的金伯利岩或钾镁煌斑岩有关。我国一些重要的宝玉石矿，如山东昌乐蓝宝石矿床、台湾海岸山脉宝石矿床、海南蓬莱宝石矿床，以及福建明溪、江苏六合等地的宝玉石矿，都产出于新生代的玄武岩中，产出与玄武岩有关的蓝宝石、红宝石、石榴石、橄榄石、锆石、尖晶石、玉髓和玛瑙等宝石类矿物。

由于火山喷气中常含大量的硫，所以常在火山口或火山温泉附近冷凝富集成丰富的硫黄矿，如我国台湾基隆、云南腾冲和黑龙江德都的硫矿床，以及俄罗斯堪察加半岛、意大利西西里岛和印尼爪哇岛的硫矿床。与火山岩有关的非金属矿产还有石棉、硅藻土等。

火山喷出物冷凝后形成的岩石，如火山灰、火山渣和浮岩等，是良好的建筑材料和工业原材料。如玄武岩经熔炼后的铸石，具有坚硬耐磨、耐酸、耐碱、不导电和保温等特点，可以制成各种板材、器具等。更神奇的是，玄武岩经过高温（1500℃）熔炼可拉制成玄武岩纤维，具有耐高温、抗氧化、防辐射和绝热隔音等优异性能，是制造航天器外壳、防弹服、防火服、刹车片等的重要基础材料。

火山是地球上的天然"锅炉"

火山是形成能源的宝库，它们就像一个个巨大的天然"锅炉"，把地下水加热后输送到地表，成为火山岩地区的地热能源和温泉、矿泉资源。

火山和地热是一对孪生兄弟，一般有火山的地方都有地热资源。曾经有人对美国阿拉斯加的卡迈特火山区进行过地热能计算，那里的成千上万个天然蒸汽和热水喷口，平均每秒喷出的热水和蒸汽达 2 万立方米，一年内可从地球内部带出 40 万亿大卡的热量，相当于燃烧 6 亿吨煤的能量。地热能是一种廉价的无污染新能源，正得到广泛应用。现在，从医疗、旅游、农用温室、水产养殖到民用采暖、工业加工、发电等行业都是地热能的用武之地。地处火山活动频繁地带的日本、冰岛、新西兰等国是对这种清洁能源开发利用最先进的国家。

在冰岛，可开发的地热能就有 450 亿千瓦时，地热能年发电量可达 72 亿千瓦时。目前冰岛人仅开发了不到一成的地热能源，就给他们带来了甚高的效益。其中，雷克雅未克周围的三座地热电站为 15 万冰岛人提供热水和电力，而整个冰岛有 85% 的居民通过地热取暖。地热资源干净卫生，不仅大大减少了石油等能源消耗，也使空气质量大为改善。冰岛人还巧妙地利用地热资源开发温室蔬菜、花草种植，建立全天候室外游泳馆，铺设热

腾冲地热温泉（蒋玺 摄）

仁者乐山
藏龙卧虎的山文化

西藏羊八井地热（麻少玉 摄）

腾冲蛤蟆嘴间歇泉（蒋玺 摄）

腾冲大滚锅温泉（倪集众 提供）

水管道加快冬雪融化。现在，很多国家都在利用地热发电。我国在西藏羊八井建立了全国最大的地热试验基地，取得了很好的成绩。

地热形成的火山温泉也是重要的疗养胜地和休闲场所，如地热和水是构成美国黄石国家公园地理奇观的两大资源，被地热加温的水形成间歇泉、温泉、地热喷气。间歇泉是黄石公园最著名的自然景观，有的泉眼喷出的水柱可高达180米。它每小时喷射一次，每次持续时间5分钟，非常准时，被称为"老忠实泉"。

云南腾冲也是著名的温泉疗养胜地。徐霞客曾对当地的"大滚锅温泉"有过这样的描述："水与气从中喷出，风水交迫，喷若发机，声如吼虎，其高数尺，坠涧下流，犹热若探汤。"腾冲人也经常以这样一段话作为欢迎词的开头："我们腾冲有九十九座火山，有八十八个温泉，我们以百分之百的热情欢迎诸位的到来……"不管春夏秋冬，你都可在露天的温泉中泡泡，领略一下腾冲的热度，一边在特制的木桶里泡脚，一边品尝大滚锅温泉刚出锅的鸡蛋、花生和小红薯。

火山旅游红红火火

　　火山喷发虽然可摧毁地面原有的景观，但也造就了千姿百态的火山景观。火山喷发带来了高耸的锥形火山（如日本富士山）、神秘的岩熔通道（如韩国济州岛的万丈窟）、壮观的火山碎屑流峡谷（如我国长白山鸭绿江峡谷）、清澈的火山口湖（如长白山天池）和堰塞湖（如镜泊湖和五大连池）等。这些独特奇异的火山景观又让许多火山区成了红红火火的地质公园和旅游疗养胜地。

　　日本第一高峰富士山，海拔 3776 米，山底周长 125 千米，山体呈圆锥状，是世界上最大的活火山之一。富士山山体雄壮挺拔，高耸入云，山巅终年白雪皑皑；山的北麓有 5 个堰塞湖（山中湖、河口湖、西湖、精进湖和本栖湖），映照着皑皑白雪，湖光山色，风景幽美。富士山一直被作为日本自然美景的最重要象征，每年吸引数以万计的人登高膜拜、游览。

　　我国长白山是世界闻名的火山风景区，它以天池为中心向四周延绵，形成上千千米重峦迭嶂的山脉。古人曾感叹："惟有白山极壮观，层

白雪皑皑的富士山（刘嘉麒　摄）

长白山天池（樊祺诚 摄）

峦高耸月光寒。年年剩有峰头雪，皎洁偏宜月下看。"长白山林海茫茫，飞流悬于天，奇峰耸入云；峡谷里温泉欢腾，群峰中天池碧澈；春夏之交，坡上有奇花异草，林中有珍禽宝兽，山下鸟语花香、苍松翠郁，山头寒风凛凛、积雪皑皑，碧海辉映着白山。在垂直千米的剖面上，分布着界线分明的不同植被带，从阔叶林到苔原，从原始森林到现代植物园，展现出由温带到寒带、春夏秋冬各异的奇特景观，构成一幅绚丽的天然画卷。

火山喷发后形成的火山口（破火山口），常汇流而成火山口湖，形成一个巨大的天然水库。它们不仅风景优美，而且常常成为重要的水源地。

中朝边境上的长白山天池，就是地球上屈指可数的特大火山口湖，是我国最深的湖泊。长白山天池呈近椭圆形，南北长4.4千米，东西宽3.37千米，受水面积21.4平方千米，水域达9.82平方千米；其水面海拔2194米，最大水深373米，平均水深204米，蓄水量达20.4亿立方米。它湖水清澈，水面涟漪，映着峦影峰光，犹如人间仙境。不仅如此，长白山天池长年不断的流水还是松花江、鸭绿江和图们江的源头。

火山"积土为地"

　　火山喷发能给人类创造土地资源。海底火山的喷发物还能"积土成山",日积月累,逐步堆积的喷发物便高出海平面形成火山岛,太平洋中的夏威夷群岛、复活节岛,印度洋中的毛里求斯岛、留尼汪岛,北冰洋中的冰岛,以及我国台湾的澎湖列岛都是火山喷发而创造的"新土地"。冰岛的苏特西岛就"诞生"于1963年11月在冰岛南部海域发生的火山喷发。这次喷发持续了两个多月,翌年之初便形成了一个高出海面约150米、面积达2.8平方千米的新岛屿——苏特西岛。据报道,1960年夏威夷基拉韦厄火山大喷发时,熔岩流从高处奔腾入海,在海边填造了一块约2平方千米的新陆地。1986年喷发时,又给大岛增加了近7平方千米的新土地。20多年来,基拉韦厄火山持续不断涌出的岩浆已经在夏威夷岛东南形成了几个新的黑色沙滩,使岛的面积又有所扩大。

熔岩流奔腾入海创造新土地

我国东北肥沃的黑土地（倪集众　提供）

火山为作物"施肥"

　　对农民来说，火山喷发也是"喜从天降"。火山喷发时遮天蔽日的火山灰中富含植物生长所需的矿物质，这些极富营养的火山灰在火山周围沉淀后便成为肥沃的土壤，使农作物大面积增产。所以在火山附近常常是重要的农业区。盛产甘蔗和咖啡的古巴、哥伦比亚和印度尼西亚，柑橘之乡意大利的维苏威，以及满树挂着桑葚的日本，无不得益于附近的火山喷发给大地免费施肥。我国东北盛产优质大米和人参、貂皮、乌拉草，也是历史上数次的火山喷发为这片"黑土地"不断"施肥"的结果。

火山是人类窥探地球演化的"窗口"

　　俗话说"上天容易入地难"，人类目前对地球的了解远不及对宇宙的了解。地球的半径约 6370 千米，而目前人类对地球的最深钻探深度仅 12 千米，所以目前对地球深部的研究常常缺乏直接手段和样品，而火山喷发则为我们窥视地球内部打开了一扇窗口。
　　火山喷发时形成的火山弹、熔岩流等，常常夹带着把深部地幔的物质带出地表，为我们研究地幔的物质组成、演化和物理化学性质提供了丰富的信息。如我国河北汉诺坝、河南鹤壁和山东蒙阴等地均有大量火山岩包体产出，为地球深部物质研究提供了大量的样品和地质信息。

研究表明，板块运动的几个重要问题——洋底扩张、板块俯冲、裂谷作用等都与火山作用密切相关，全球火山绝大部分分布在板块边缘的俯冲带和裂谷带以及大洋中脊。所以，火山作用既是板块运动的动力也是它的象征，"导演"了岩石圈的形成和演化。

近年，有报道称科学家在南非巴柏顿35亿年前的火山熔岩中发现有细菌一样的原始微生物造成的管道，这可是迄今发现的最早的生命踪迹之一。而且，深海研究也证明，在极寒死寂的深海海底，火山喷发形成的"黑烟囱"附近也有低等生物活动的迹象。所以有人认为，火山作用可能与地球生命的起源有关。

看来，火山作用还蕴含有太多太多地球演化的奥秘，等待我们去探索和求解。

云南腾冲的火山弹（蒋玺 摄）

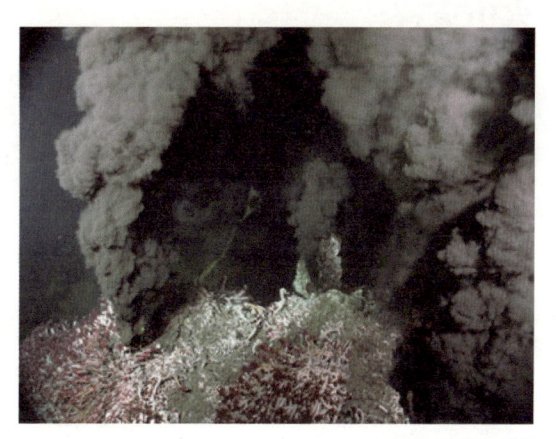

海底"黑烟囱"

山——地质灾害的"温床"

上面讲到，山不仅是美丽的景观，也是我们生产生活的资源宝库。春

天，可以上山踏春、采野花，尽情享受一片春意盎然的世界；夏天，郁郁葱葱的山林是休闲纳凉的好去处；秋天，满山的红叶定让你心旷神怡；冬天，可以带上滑雪板，享受雪地运动的刺激……

但千万别以为山总是"温柔"的，它翻起脸来破坏力可是十分惊人的，尤其是在暴雨、洪水、地震等"帮凶"的推波助澜下，这种破坏有时甚至是毁灭性的。这都是因为山具有特殊的形成机制和地形地貌，成为地质灾害极为活跃的地区。

下面让我们来看看山"狂怒"的一面吧！

火山灾害

火山灾害是地球上破坏性最大的地质灾害之一。火山灾害包括直接灾害和间接灾害，前者是指火山喷发本身造成的灾害，后者则指火山喷发造成的气候变化、环境污染等进而引起的灾害。

地球内部处于高温高压状态的火山喷发物冲出地表后，发生猛烈的爆炸，会对火山口附近区域产生毁灭性破坏；喷出的火山气体及火山灰在更大范围内弥漫扩散，引发暴雨、雷电、山火等，改变局地气候。所以，火山喷发地质灾害不仅指喷发本身造成的破坏，还包括由火山喷发引发的地震、海啸、洪水、山崩、泥石流、山火等次生地质灾害。这些地质灾害不仅可在瞬间摧毁周围的房屋建筑、道路桥梁、农田、森林等，还会导致区域气候异常和空气、地表水和地下水体污染等持续性的环境破坏，形成更持久的间接灾害。由于火山灾害的巨大破坏性，有科学家认为它是地质历史时期包括恐龙在内的大量物种灭绝的主要原因，更有甚者认为超级火山的爆发将可能对人类产生毁灭性打击。

火山喷发是怎样造成破坏的呢？我们就从主要的火山喷发物质——火山碎屑流、熔岩流、火山气体和火山灰分别来叙述。

火山碎屑流主要由岩浆冷凝的碎屑和火山通道内和四壁的岩石碎屑组成。它们从火山口喷出后迅猛地冲下山坡，能在相当短的时间内摧毁火山口周围数千米甚至数百千米范围内的森林、城市、道路和桥梁等。火山碎屑流能量大、流速快，平均速度可达每秒几十到百余米，而且碎屑温度较高，常以摧枯拉朽之势对沿途产生极大破坏，并可造成堵塞河道，引发洪水泛滥等次生灾害。

　　火山喷发时还没有来得及冷凝的岩浆，沿火山口流出地表便形成熔岩流。这些炽热的岩浆犹如奔腾的钢水，冲毁、摧毁、烧毁沿途的农田、生物和建筑物等，可谓"所到之处，寸草不生"，并常引起严重的火灾，造成更大的破坏。

　　火山喷发产生的大量有毒气体（如一氧化碳、二氧化硫、硫化氢、氯化氢、氟等）及密度较大的气体（如二氧化碳等）迅速扩散，会导致人类及动物窒息，甚至死亡。火山硫化物和卤化物气体在大气圈中可与水蒸气发生光化学反应，形成剧毒的酸性小液滴，它们会随降水形成酸雨，损害动物（包括人）的眼睛、皮肤和呼吸系统，并对农作物和建筑物造成危害，而且污染地表水和地下水，造成更长期的危害。火山气体及形成的气溶胶能在大气中产生光化学反应，使区域臭氧浓度降低，导致人类遭受过量的紫外线辐射，诱发皮肤癌等疾病。

　　火山爆裂式喷发形成的大规模火山碎屑和火山灰云不仅会掩埋、破坏地面建筑、森林及动植物等，而且，火山灰云能随大气扩散至几百甚至几千千米以外的地方。这些火山灰与火山气体形成的气溶胶会在影响区域遮天蔽日数月之久，使太阳到地表的辐射减少，导致地表温度降低，造成局地气候异常。火山灰云对飞行的安全影响很大，它不仅降低空气能见度，更可能导致飞机引擎失灵。因为火山灰多为岩浆骤然冷凝形成的玻璃微粒，它们进入飞机引擎后，会在高温的飞机引擎中熔化后重新融合，体积增大，可能破坏飞机的油路系统和导航系统，危及飞行安全。此外，火山灰云对

火山熔岩流　　　　遮天蔽日的火山灰

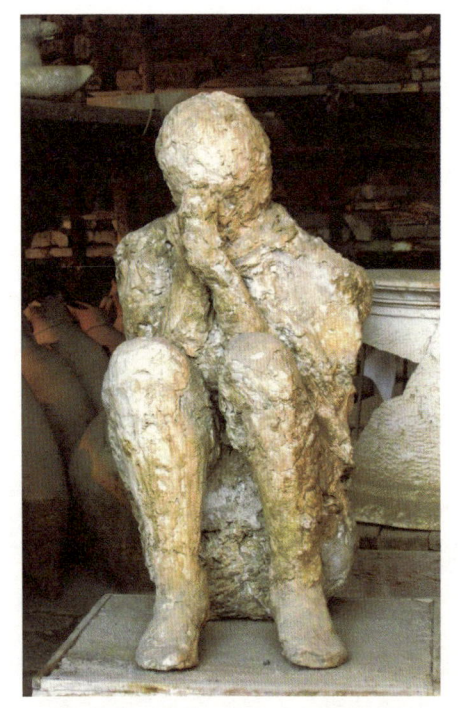

古罗马帝国庞贝城中挖掘出的遇难者化石

高速飞行的机身还具有磨蚀作用，导致飞机外壳遭到破坏。

世界上最著名的火山灾害当属维苏威火山的喷发，当火山灰下埋藏了1700多年的庞贝城被发掘出来时，曾引起全球性的轰动。

公元79年8月24日，亚平宁半岛那不勒斯湾畔的维苏威火山大规模喷发，灼热的火山喷发物铺天盖地降落到庞贝城，把这座古罗马帝国繁华一时的古城毫不留情地从地球上抹掉了。据记载，当时先是发生地震，然后从维苏威火山山顶上升起一团烟雾，冲上5000米高空。接着，无数火山弹、泥灰等像冰雹般落下，过了一会儿，山上升起了巨大的火柱，熔岩流从喷火口喷出，并借着山势往下冲。喷出的水蒸气也在高空遇冷凝结，化作倾盆大雨，雨水冲刷着山坡上的火山灰，形成巨大的泥流，把庞贝城严严实实地埋在火山灰下。据称当时庞贝城有2万人口，只有四分之一的居民幸免于难。

直到十八世纪中叶，有人在打井时无意中发现了庞贝城。当考古学家把这座埋藏了近2000年的"死城"挖掘出来时，全世界震惊了！数米厚的火山灰下完整地保存了庞贝城当时的灾难现场：炽热的熔岩流带着火团咆哮而至，滚烫的火山喷发物从天而降，暴雨、泥流来势汹汹，到处弥漫着刺鼻浓烈的火山气体，让遇难者无处可逃。他们有的被火山灰掩埋，火山岩浆定格了他们生前最后的姿势；有的被浓烟窒息，或者被倒塌的建筑物压死；现场犹如人间地狱，惨不忍睹。

泥石流

泥石流是指山区由于暴雨、冰雪强烈消融或冰湖溃决，使山谷中积存的松散岩土体向下游开阔地倾泻的一种突发性洪流。水和泥沙混合形成泥，泥混合石块就形成泥石，然后混合物一起流动，就叫作泥石流，又称为山洪泥流。

泥石流一般按物质状态分为两类。一类是黏性泥石流，指含大量黏性土的泥石流或泥流。它的特点是黏性大，固体物质占40%～60%，最高达80%。水不是搬运介质，而是组成物质；而且稠度也大，石块呈悬浮状态，爆发突然，持续时间比较短，破坏力大。第二类是稀性泥石流，以水为主要成分，黏性土含量少，固体物质占10%～44%，分散性大；水为搬运介质，石块主要以滚动方式前进，具有强烈的下切作用。其堆积物在堆积区呈扇状散流，停积后形成"石海"。

泥石流形成需具备三个基本条件：沟谷、松散堆积物和水流。这三个条件在山区并不罕见，但当这三个基本条件处于如下配置状态时，就极易发生泥石流了：大量松散堆积物分布于沟谷的斜坡地带；沟谷具有陡峻的地形和较大的纵坡，利于松散堆积物和水流的迅速汇集；沟谷上游有急剧的水流汇集，如遇暴雨、冰湖溃决等。

那么，泥石流主要分布在哪些地区呢？从地质上讲，泥石流主要分布

被泥石流掩埋的北川县城（倪集众　摄）

在断裂和褶皱发育、新构造运动强烈的地区，尤其是地震频率高、烈度强、岩体风化破碎强烈、植被稀少、水土流失严重的山区。所以在地理上讲，我国的泥石流多发生于两个大的区域，即西南的高原和山区，如云南、四川、西藏等地以及我国东部的低山丘陵或平原过渡带。时间上，久旱之后的暴雨季节，或夏季高温时高山冰川与积雪强烈消融的时期，最易发生泥石流地质灾害。

泥石流地质灾害具有爆发突然、历时短暂、冲击力大等特点，因而破坏性极强，所到之处，一切尽摧毁，给人类生命财产造成重大危害。2006年2月菲律宾东部莱特岛圣伯纳镇及周边地区，数日暴雨使一座高近500米的山体从上到下豁开一道巨大的缺口，雨水夹杂泥浆、岩块"从天而降"，瞬间吞噬了两个村庄的数百间民房和一所小学，死亡人数超过1800人。2008年9月24日起持续不断的降雨，使遭受大地震的北川县城附近多处山体产生滑坡和泥石流，导致老县城一半以上被泥石流掩埋，地震后尚未倒塌但已倾斜的楼房被掩埋至二三层。2010年8月8日早晨，甘肃甘南藏族自治州舟曲县的特大泥石流致千余人死亡，白龙江上骤然出现了一个堰塞湖，淹没了部分县城，导致电力、交通、通信全部中断。

滑坡

滑坡是指斜坡上的土体或者岩体，受河流冲刷、地下水活动、地震及人工切坡等因素影响，在重力作用下，沿着一定的软弱面或者软弱带，整体地或者分散地顺坡向下滑动的自然现象，俗称"走山""垮山""地滑""土溜"等。

让我们来看看山体滑坡是怎样形成的吧。首先，要形成滑坡必须有坡度较大的地形。而且，在坡体的岩层中有一层或多层结构松散、抗剪切强度和抗风化能力较低的软弱岩层（如黏土、泥质岩、片岩等）；同时，岩层中节理、裂隙等比较发育，岩层较破碎。如果地层中的软弱岩层又遭受到地下水的侵蚀和软化，那么滑坡便完成了它一系列的准备过程，一触即发了。这"一触"就是那些外界因素，如地震、火山喷发、降雨和融雪、地表水的冲刷及浸泡、不合理的人类工程活动（如开挖坡脚、坡体上部堆载、爆破、水库蓄/泄水、矿山开采等），它们常作为"导火线"诱发滑坡地质灾害。

　　滑坡形成后，滑动速率也有快有慢。高速滑坡的滑坡体每秒钟会滑出数米甚至数十米，而蠕动型滑坡的运动肉眼根本无法判别，只有通过仪器观测才能发现滑坡的存在。当然，既然滑坡的产生说明了岩层间存在滑移作用，我们也可通过一些外表迹象和特征进行观察。譬如，在滑坡发生过程中，生长在滑坡体上的树木也会随着滑坡体向下滑动，但由于局部组成物质、含水情况等差异，各处的滑动速率也不一样，导致这些树木歪歪斜斜、杂乱无章地生长在滑坡体上，就像人喝醉酒一样，被形象地称为"醉汉林"。所以，看到"醉汉林"可以推测山坡正在发生滑坡或者曾经发生过滑坡，也给了我们需要定期进行滑坡监测的信号。

　　滑坡是山区、丘陵地区多发的地质灾害，具有很大的破坏力，大规模的滑坡会掩埋村镇、摧毁工厂、中断交通、堵塞江河、破坏农田和森林，给国家建设和人民的生命财产造成严重的损失。2004年6月5日，重庆市万盛区万东镇东源煤矿发生山体滑坡，连日的暴雨造成煤矸石山体浸水发生垮塌，垮塌的煤矸石狂泻而下，形成一道巨大的泥石波浪，摧枯拉朽般将沿途房屋树木全部淹没。整个垮塌山体向前推移500米，约20万立方

滑坡

仁者乐山
藏龙卧虎的山文化

84

"醉汉林"

贵州省关岭县岗乌镇山体滑坡

米的土石方掩埋了14户农房，导致3人受伤，20余人死亡失踪。2010年6月28日，贵州省关岭县岗乌镇大寨村因连续强降雨引发了大规模山体滑坡，造成该村两个村民组107人被困或被掩埋，滑坡造成的泥石流总长达1.5千米。

崩塌

崩塌指陡峻山坡上岩块、土体在重力作用下，发生突然的急剧的倾落运动。崩塌多发生在坡度大于70°的斜坡上。崩塌的物质，称为崩塌体。崩塌体为土质者，称为土崩；崩塌体为岩质者，称为岩崩；大规模的岩崩，称为山崩。

大规模的崩塌主要发生于岩性坚硬的岩石，是由于各种构造面（如节理、裂隙、层面、断层等）对岩体的切割、分离，使崩塌体完全脱离母体而发生的崩落。产生崩塌的外部诱发因素与滑坡基本相同。崩塌与滑坡的区别是，崩塌体与母体完全脱离，且垂直位移量远大于水平位移量，发生过程短暂而又突然；而滑坡体则很少完全脱离母体，岩土体水平位移量一般大于垂直位移量，其发生过程长短不一，短的可在几分钟内完成，长的可历时数年。崩塌与滑坡的破坏方式大致相同，如掩埋房屋、阻断交通、堵塞河道等。

崩塌的规模虽不如滑坡大，但危害却不亚于滑坡。由于崩塌体主要为坚硬的岩石，且崩落突然而猛烈，所以它对崩落区的破坏是突然而具毁灭性的，有时连高速行驶的汽车也难逃此灾难。2009年8月6日，四川省雅安市汉源县顺河乡发生大规模山体崩塌，造成省道306线完全中断，途经的10辆大巴车不同程度受损，导致2人死亡，18人受伤，30余人失踪。崩塌中水平断面宽达330米的山体，从约160米的垂直高度崩滑至大渡河，近40万立方米山石冲击到大渡河内形成巨大水浪冲击对岸山体，导致大渡河左右岸崩滑，并形成堰塞湖，崩滑体上游8户农户房屋被淹垮塌。

正如上面讲到，崩塌、滑坡和泥石流等都是在一定的地形地质条件下，由外部因素（如火山喷发、地震、暴雨、地下水侵蚀等）诱发引起的，所以这些地质灾害经常并发而产生更大的破坏。2009年6月5日，重庆市武隆县铁矿乡鸡尾山山体发生大面积垮塌，山顶岩体崩塌的初始总量约150

崩塌

万立方米，崩落之后崩塌体顺着岩层高速往下冲移形成了600多米长的巨大的滑坡体，滑坡体在继续冲移过程中形成了更大范围的破坏和垮塌，最后构成总量超过350万立方米的滑体，将红宝村多户人家和一个铁矿及路人近百人掩埋，最终导致了80余人丧生。

山地与气候

如同海陆分布和洋流对气候的影响作用一样，高大的山脉和高原的热力作用与动力作用十分巨大，能对气候产生重大影响。而且，地形对气候的影响是多方面的，也是错综复杂的。但总的来说，这种作用主要可归纳为纵向和横向两个方向上的影响。

在纵向上，地球表面的山有高有低，由于海拔不同，同一山体不同区域所处的水、热和大气条件也明显不同，从而破坏了气候的纬度地带性，表现出山地独特的垂直地带性气候，形成"一山有四季"的气候景观。在横向上，庞大的山体就像一个个巨大的屏风，成为大气流动的障壁，造成山体不同方位的气温、降水等存在极大差异，出现一山之隔气候迥异的现象。而且，这种气流阻挡造成的横向上气候影响在诸如喜马拉雅山等庞大延绵的山系表现最为突出。

地形怎样影响气候

先让我们来看看地形对一些主要气候要素的影响。

气温

高山上的气温会随海拔高度的增加而降低，一般自海平面起，每升高1000米，温度下降大约6℃。不过这种气温垂直递减现象会因季节和坡向的不同而有所差异：一般夏季最大，冬季最小；阳坡气温高，变化大；阴坡气温低，变化小。

气压

一般海拔高度越高，气压越低。在标准状况下，地形每升高100米，气压降低10毫巴。大气压降低会使太阳辐射强度随高度增加而增大。但坡向不同也会导致太阳辐射不同，因此影响气温和气流分布。

风

高山上一般多风，这是因为高山上地形起伏相差悬殊，地面接收太阳辐射能差异明显，导致热力分配不均衡，而经常产生空气流动。风速一般随山地海拔升高而增大。山顶、山脊以及峡谷风口处风速大，盆地、谷底和背风处风速小。高山上风速一般夜间大，白天小，午后最小，而山麓、山谷则相反。山地还会产生一些局地环流，如山谷风、焚风、坡风、冰川风等。

降水

山地降水量和降水日数随它的海拔高度增加而增加。但在一定高度以上的山地，由于气流中水汽含量减少，降水量又随高度增加而减少。降水量达到最大值的高度称为"最大降水高度"。坡向对降雨的影响表现为迎风坡雨量多于背风坡，特别是高大山脉两侧，这种效应更为明显。山地地形也影响降雨量的日变化，一般山脉顶部以日雨为多，而山谷盆地则以夜雨

为主。

湿度

在湿度（水汽压和相对湿度）方面，水汽压随海拔高度增加而降低。在多数情况下，山地上部因气温低、云雾多，相对湿度高于下部，但冬季高山区也有相反情况，山顶冬季云雾较少而相对湿度小。山谷和盆地相对湿度日变化大，夜间高而白昼低，午后最低。山顶相对湿度日变化一般很小。

"一山有四季"

在高山地区，从山麓到山顶，水、热和大气状况随海拔高度的变化而变化，表现出气候的垂直地带性，即随山体海拔高度的增加，气候形成大体上与等高线相平行的带状分布规律。所以在高山地区，高度变化与纬度变化相似，根据等高线可划分出不同的气候带。

地球上凡有高山的地区，都具有气候垂直分带现象，而垂直分带的多少和顺序则取决于山地高度和所处纬度。如我国横断山区、喜马拉雅山南坡，非洲的乞力马扎罗山，南美洲的安第斯山，以及欧洲的阿尔卑斯山等都有很典型的气候垂直分带性。

高山上气候的垂直变化主要通过植物的垂直分带反映出来，这就形成

高山上不同的植被分带（刘嘉麒　提供）

> **相关链接**
>
> 　　高原山地气候是一种受海拔高度和地形影响所形成的非地带性气候，主要分布在高大山地和高原地区，如我国青藏高原、南美洲安第斯山、欧洲阿尔卑斯山等。受海拔高度、山脉走向、坡向和地形等因素的影响，高原山地气候呈现显著的非地带性特点：气温随海拔增高而降低，气候垂直变化显著。在一定高度内，湿度大、多云雾、降水多；越向山地上部风力越强，日照辐射增强，但降水变少等。

了自然带的垂直分布规律。"一山有四季，十里不同天"，就是对高山气候的真实写照。气候的垂直分带性在低纬度的高山地区最为明显，从山麓到山顶，就好像从赤道走到极地一样，层次分明、有规律地再现了水平方向更替的各种气候带。

　　譬如，海拔5895米的"非洲屋脊"乞力马扎罗山，是世界上最典型的气候非地带性分布地区。耸入云霄的乞力马扎罗山地处赤道附近，由于高度和坡向不同而在气候和植被上出现明显的垂直变化，自下而上不可思议地呈现出从热带雨林到冰河世纪的自然景观。它的山麓地带降水较少，分布着广阔的热带稀树草原，斑马、长颈鹿悠闲漫步。南部的迎风坡，在海拔1000米左右，为热带雨林带。随着海拔升高，气温逐渐降低，海拔1000～2000米，为亚热带常绿阔叶林带；海拔2000～3000米为温带森林带；海拔3000米以上逐渐过渡为高山草地带、荒漠带和积雪冰。背风的北坡，气候干燥，热带雨林几乎不复存在；海拔2700米以上为草地，草地在不同的地形部位分别上升到4200～5100米，再往上则为高山荒漠或高山冰。显著的气候垂直分带使乞力马扎罗山享有"赤道雪峰"的美称。在这里，山麓的气温有时高达59℃，而峰顶的气温又常在-34℃，出现赤道戴"雪帽"的神奇自然现象。

分水岭

　　前面提到，除纵向上的气候垂直分带外，高山的天然屏障作用对气流的运动产生阻挡和分流，导致山体不同方位在降水、气温等方面存在显著

不同，这种作用对区域气候的影响尤为显著。

分水岭是指分隔两个相邻流域的山岭或高地，河水从这儿流向两个相反的方向。不仅如此，高大山脉形成的分水岭往往还会使它两侧的气候产生巨大差异。譬如，我国的秦岭是一条东西走向长约1500千米的山脉，为黄河支流渭河与长江支流嘉陵江、汉水的分水岭，它就像一堵"挡风墙"阻止冬季冷空气南下，拦截夏季东南季风的北上。因此从气候上，秦岭以北的大部分地区为温带季风气候，河湖冬季结冰，植被主要为暖温带针阔混交林与落叶阔叶林，耕地以旱地为主，年降水量较少，主要作物为小麦，河流的含沙量较大。而秦岭以南地区则主要为亚热带季风气候，河湖冬季不结冰，植被以常绿阔叶林为主，耕地以水田为主，年降水量较大，主要作物为水稻，河流的含沙量较小。所以秦岭是中国地理上最重要的南北分界线。秦岭南北面的自然景观各具特色，北面的关中平原被称为"八百里秦川"，南面则是沃野千里的"天府之国"四川盆地。而且，自然环境的不同导致了秦岭两侧在饮食、语言、民居和生活风俗等文化方面的巨大差异，比如形成了"南稻北麦""南船北马"等说法。

澳大利亚的大分水岭呈南北向纵贯澳大利亚东部，绵延约3000千米，海拔800～1000米，是澳大利亚大陆太平洋水系和印度洋水系的分水岭。大分水岭的北部处于热带气候区，中部处于亚热带气候区，南部地处温带气候区。这座绵长的大山系像一座天然屏障，挡住了太平洋吹来的暖湿空气，使山地东西两坡的降水量差别很大，生长的植物也迥然不同。东坡地

澳大利亚大分水岭

势较陡，沿海有狭长平原，降水充分，生长着各种类型的森林；西坡地势缓斜，向西逐渐展开为中部平原，这里降水较少，常年干旱，呈现一片草原与矮小灌丛的景象。

青藏高原对气候的影响

从影响规模上看，地形在纵向上对气候的影响往往是局地性的，一般表现在山体本身不同海拔高度的气候差异。而高大延绵的山脉在横向上对气候的影响常常是区域性的，有时甚至是全球性的。

我国青藏高原的古生物学和地质学研究表明，它的隆升使全球的气候发生了巨大变化。喜马拉雅山的动力和热力效应使它成为亚洲乃至整个北半球大气系统的控制区，从而形成了亚洲季风。作为一个高大的阻风屏，喜马拉雅山有效地将北方大陆的寒冷空气阻挡住，使它们无法进入南亚，并进而向东挺进，直驱华北以至华南，使我国东部气温低于世界其他同纬度地区。同时，青藏高原又阻挡了南方来自印度洋温暖潮湿的空气北进，不仅造成了南亚的雨季，也使喜马拉雅山脉以北地区，尤其是藏北高原的气候变得干燥少雨。如喜马拉雅山脉南侧的西姆拉海拔2205米，年降水量1550毫米；而北侧的斯卡杜海拔2288米，年降水量仅160毫米。

在这举世闻名的世界屋脊上，雅鲁藏布大峡谷就像青藏高原东南部的一个绿色门户，面向着孟加拉湾和印度洋，为来自印度洋的暖湿气流提供了一条天然的通道，使来自印度洋的暖湿气流在青藏高原东南地区形成世界最大降水带，年降水量达4500～11060毫米。正是由于水汽通道的作用，大峡谷地区的气候条件也发生了显著变化，将热带向北推进了5.5°，达到北纬29°。大峡谷的高山南北坡具有从热带、亚热带、温带再到寒带的气候和自然带分布，宛如从赤道到极地或者从我国海南岛来到东北一样，体现出完整的气候垂直分带性。

山的气候资源

休闲旅游好去处
山独特的气候资源，在不同的季节给登山者带来不同的情趣和感受。

仁者乐山
藏龙卧虎的山文化

清凉的山间小道（蒋玺 摄）

承德避暑山庄

来看古人对山不同季节、不同景观的描述："真山水之云气，四时不同：春融怡，夏蓊郁，秋疏朗，冬黯淡。真山水之烟岚，四时不同：春山淡冶而如笑，夏山苍翠而如滴，秋山明净而如妆，冬山惨淡而如睡。"多么清新怡人啊！所以，自古以来游山玩水就是人们打发休闲时光最重要的一种方式。在山上，我们可以春踏青，夏纳凉，秋观红叶，冬赏雪，尽情享受自然美景。尤其是在酷热难耐的夏季，游走于清凉的山林溪畔，是多么惬意啊！所以，林木葱郁、凉风习习的大山常常成为避暑纳凉的首选之地。细数我国著名的避暑胜地：承德避暑山庄、江西庐山、浙江莫干山、河南鸡公山……就能感受到大山释放出的沁人心脾的丝丝凉意。地处大山之中的贵州省会城市贵阳，更依此获得"爽爽的贵阳"美称。

风能资源

上面讲到，高山多风，尤其是在山顶、山脊和峡谷地带，强劲的山风为我们提供了一种重要的清洁能源——风能。虽然目前世界上风能的利用还远比不上水能和化石能源（煤炭、石油和天然气），但对于沿海岛屿和交通不便的边远山区，风能发电作为解决生产和生活能源的一种可靠途径，有着十分重要的意义。风能不仅给远离电网的山区带来光明，给工业和农业提供动力，风力发电场还可作为一种新兴的旅游景观提升当地的知名度，给山区人民带来旅游实惠。譬如，海拔2900多米的西南乌蒙山脉最高峰韭菜坪，

贵州省赫章县韭菜坪山巅的风力发电场（叶霖 摄）

山花遍野，怪石嶙峋。而且，这里山高风大，2010年1月18日开工建设的贵州省首个风力发电项目——韭菜坪风力电场，又给这个有"贵州屋脊"之称的喀斯特山地增添了一道亮丽的风景线，引来无数"驴友"的追捧。

山货

山地孕育了丰富的山中特产，俗称"山货"；而山货的优劣，无不与山区独特的气候条件密切相关。先不说高山出好茶的道理，且来看看公认的名贵滋补品冬虫夏草和天然人参。

冬虫夏草主要分布在我国青海、西藏、四川、云南等地海拔3500～5000米的高海拔地区，其中又以青海、西藏两地产出者品质最好。为什么呢？原来冬虫夏草的"家"需要气温低、昼夜温差大、无绝对无霜期、冻土时间长、日照充足、紫外线强等气候条件，这不正是青藏高原的气候特点吗？所以青海、西藏成为高品质的冬虫夏草产地就不足为怪了。

天然人参（即野山参）对生长环境要求也极为苛刻，除特殊的植被、土壤和纬度条件外，还需满足海拔（500～1100米）、年降水量（500～1000毫米）、无霜期（125～150天）以及气温、空气湿度、积雪和日照等众多气候条件，而长白山完美地满足了这些苛刻条件。所以，虽然经过现代人工驯化，能培植人参的地方很多，但长白山仍凭借独特的气候条件，使它产出的野山参成为名副其实的参中珍品。

山文化的文明印记

"山川之秀,实生人才;人才之出,益显山川;显之维何?莫盖过于文。"多姿多彩、变幻无穷的山水开拓了人们的审美视野,为中华文化提供了取之不尽的创作源泉。这些寄情于山水间的文字语言、琴棋书画和诗词曲赋,从不同角度折射出中华民族深厚而广博的传统文化。正是因为中华民族传统文化的博大与包容,让其他传统文化——茶文化、建筑文化、宗教文化等也深深地打上了山文化的烙印。

山与文学、艺术

中国历代文人为追求自然风景之美，踏遍天下名山大川，徜徉在山、水、石和树林之中，陶冶了情操，萌生"醉翁之意不在酒，在乎山水之间也"的感叹，激发出语言、文学、绘画、雕刻、音乐的灵感，挥洒着自己的聪明才智。赞叹山的诗、词、曲、文、赋成为文人雅士们言志抒情的最好形式，许多不为人知的青山秀水，也因为名人的游览、居住、题咏而名传千古。文人墨客们寄情山水，触景生情，著其于文字，现之于书画，将山水文化推上了历史舞台，留下的诗、词、题、赋更提升了这些名山的文化品位，留给我们无尽的享受和遐想。

山与诗——"若乃山林皋壤，实文思之奥府"

随着对自然认识的深化，人们与山水越来越亲近，开始以审美的态度欣赏山水，发现山水奇观美景既是审美的对象，又能触发游览者的情感，使人神思飞扬，山就成为文思的源泉。看来，学界的"若乃山林皋壤，实文思之奥府"说法就源于此。

我国是诗词礼仪之邦，诗歌历史悠久。山水诗即是赞颂山水风景的诗词。中国最早的一首完整的山水诗当数曹操的《观沧海》："东临碣石，以观沧海。水何澹澹，山岛竦峙。树木丛生，百草丰茂。秋风萧瑟，洪波涌起。日月之行，若出其中；星汉灿烂，若出其里。幸甚至哉，歌以咏志。"让我们如临其境地感受到一个满怀壮志的曹操在观山望海时所抒发的无限遐思。

晋末的谢灵运作为我国第一个大量创作山水诗的作家，完成了玄言诗向山水诗的转变。这一转变使山水诗一发不可收拾。谢灵运之后又有鲍照、谢朓等人。在唐朝近三百年间，光是著名和比较著名的山水诗人，足足可以列出三四十人的长长名单，除了最有名的孟浩然、王维和李白外，还有杜甫、储光羲、高适、刘长卿、韦应物、柳宗元、刘禹锡、韩愈、白居易、贾岛、杜牧、温庭筠、李商隐等；宋、金、元、明、清诸代的梅尧臣、欧阳修、王安石、苏轼、黄庭坚、陆游、杨万里、萨都剌、高启、王世贞，以及王士祯、袁枚等，都给我们留下了不同风格、意境清远、韵味深厚的山水诗词。

从这些山水诗词的内容和表达方式看，有纯粹写山写水的纯正山水诗，更多的是借山水以写意的抒情山水诗和从山水中感悟自然与人生的哲理性山水诗。

纯正山水诗

指观赏、描写山水的诗，生动逼真地表现了大自然之美和山水的秀丽。诗歌中透露的淡淡幽雅情思，寄托了作者对大自然的欣赏与热爱。

最典型的是杜牧的《山行》："远上寒山石径斜，白云生处有人家。停车坐爱枫林晚，霜叶红于二月花。"这是一首描写和赞美深秋山林景色的诗，给读者展现了一幅动人的山林秋色图，山上的石径、人家、白云和红叶，构成了一幅和谐统一的立体画。"远"字写出山路的绵长，"斜"字照

霜叶红于二月花（麻少玉　摄）

应句首的"远",导出高而缓的山势,描绘出一条石径蜿蜒曲折地伸向充满秋意山峦的远景。"白云生处有人家"告诉读者白云缭绕处几幢隐约可见的石墙石屋。"人家"照应了"石径",表明山虽高,却还是有人住的,"石径"把没有露面的"人"与"人家"有机地联系在了一起。小路、人家是可爱的,但更吸引读者和游人的是那红彤彤的枫叶,诗人停下车来细细品赏则是自然而然的结果了。"霜叶红于二月花",则是全诗的中心:以"二月花"反衬深秋的枫林,真是"不是春光,胜似春光"。

王维是唐代著名的诗人和画家,评论家说他是诗中有画,画中有诗。他在《山中》一诗里写道:"荆溪白石出,天寒红叶稀。山路元无雨,空翠湿人衣。"这不就是给我们描绘了一幅活脱脱的深秋景色吗?山间小溪变成了涓涓细流,露出粼粼白石;林中的树叶变得稀少了,却是红艳艳的红叶;大自然显得有点萧飒了、凋零了,却是那么可爱。深秋对于王维这样一位对大自然的色彩有特殊敏感的诗人和画家来说,反倒更为显眼,更加令人依依不舍,值得珍重和流连。后两句写的是穿行在浓翠之中,只顾到欣赏山景,不觉得竟然衣服湿了,以为是下雨却又无雨。"空翠"自然不会"湿衣",但它那样的浓,浓得溢出翠色的水滴,使周围的空气都充满了翠色的分子,依稀行走在一片翠雾之中,浸染、滋润、细雨、凉意,不知不觉中迎面扑来,视觉、触觉、感觉,使人心中泛起一片亦真亦幻的景致……

唐代书法家兼诗人张旭的一首七绝《山中留客》:"山光物态弄春晖,莫为轻阴便拟归。纵使晴明无雨色,入云深处亦沾衣。"亦有异曲同工之妙。诗中的"沾衣"是写实,展示了云遮雾罩的深山之另一番景象。这种写法与王维诗中幻觉和错觉产生的"湿人衣"相比较,给

荆溪白石出(蒋玺 摄)

云遮雾罩的深山（倪集众 提供）

人强烈的诗意感受。真是异曲同工，各臻其妙。

王维在另一首《鹿柴》中写道："空山不见人，但闻人语响。返景入深林，复照青苔上。"这正是王维所追求的那种远离尘嚣的空寂的境界，虽然孤独，却也蕴藉。

唐代大诗人李白由于政治上不得志，一生大多在隐逸漫游中度过。他在"五岳寻仙不辞远，一生好入名山游"的经历中留下了不少写山写水的诗歌。他写的东西，几乎从来舍不得只用"直描"，总是要抒发一下感情，或者通过"直描"反衬情感的率直、朴真。我们在诗仙不多的直描法山水诗歌中，终于寻觅到一点蛛丝马迹。那是在他的《蜀道难》中，一开头就惊呼："噫吁嚱！危乎高哉！蜀道之难，难于上青天！"这一声惊叹便把读者

蜀道之难，难于上青天（倪集众 提供）

山文化的文明印记

的思绪引入"黄鹤之飞尚不得过，猿猱欲度愁攀援""扪参历井仰胁息，以手抚膺坐长叹""一夫当关，万夫莫开"的蜀道。

抒情山水诗

自古以来，用来抒情的山水诗（词）数不胜数。因为这类诗词的目的就是抒发情思，所以见到山和水自然就触景生情，借景抒发自己的情感、心境以至政治抱负，所谓"以情写景，以景抒情"是也。

先说杜甫非常著名的《望岳》："岱宗夫如何？齐鲁青未了。造化钟神秀，阴阳割昏晓。荡胸生层云，决眦入归鸟。会当凌绝顶，一览众山小。"其实诗人写这首诗的时候，只是到了泰山脚下，尚未登山，就先来个"望"岳。所以前四句先交代泰山的位置，以及泰山在空间上的连绵不断和它背阴与向阳的两面。后四句笔锋一转，说出自己的感慨：山间云气生发，层层叠叠，令人心胸激荡起伏。诗人睁大了眼睛，看着那飞入山间的归鸟，心里想到总有一天，自己能登上泰山之巅，看那些匍匐在泰山脚下的众山，舒展早已积郁在心中对权势的怨气——我站在泰山之巅，你们不过只是低矮的小丘！我们可以想一想，诗人当时是一种什么样的心态，他"望"着"岳"生发的是一种什么样的心情，比拟的是一种什么样的心境？

杜甫的《春望》也是这样一首触景生情、移情于物、感时伤世的佳作："国破山河在，城春草木深。感时花溅泪，恨别鸟惊心。烽火连三月，家书抵万金。白头搔更短，浑欲不胜簪。"它的前四句描述了春城的败象，饱含感叹；后四句写出了诗的主题——希望、祈望、盼望的"望"：社会安定，家人平安。战争岁月如此，和平年代何不也是如此呢！

李白的《下江陵》一诗中有"两岸猿声啼不住，轻舟已过万重山"，一千多年来一直传诵不衰，说它是脍炙人口的空谷绝响都不为过。如果仅把它看成是一首赞美三峡的风光诗，那就是一路的彩云、猿声、轻舟和万重山，写得可谓恰到好处。但我们若看看作者当时所处的时代背景，就会知道李白是怀着一种什么样的心情来写这首诗的啊！原来，当时李白为安史之乱辩护而获罪，被贬发配长流夜郎；流放途中忽获特赦，其中"千里江陵一日还"的心情就可想而知了。这样的心情嵌入诗句，使沿途的景致化为一片喜悦。试想一下，如果这时候他还是一个戴罪迁徙的囚徒，那么彩云就变成了愁云，猿声成了噪音，轻舟就是重载，"万重山"既是两岸的景致，更会是他的心情呀！诗人以心情寻觅景致，就是为了表达自己的感

轻舟已过万重山

怀,所以在读诗时了解诗人当时的处境,从诗句行间体会作者的心情,这就是情绪对景致的反作用。

毛泽东也是伟大的山水诗人,《十六字令三首》:"山,快马加鞭未下鞍。惊回首,离天三尺三。山,倒海翻江卷巨澜。奔腾急,万马战犹酣。山,刺破青天锷未残。天欲堕,赖以拄其间。"何等雄壮恢宏!山的深沉、坚韧、博大精深与诗词浑然一体。而被誉为最能体现伟人宇宙观和历史观的大作是《沁园春·雪》。请看:"北国风光,千里冰封,万里雪飘……"以北

千里冰封

山文化的文明印记

国的雪景展现祖国山河的壮美；下阕笔锋一转，从对山河的感叹引出历朝历代的英雄人物，最后以"俱往矣，数风流人物，还看今朝"为结句，抒发自己的满怀激情，展现了前无古人后无来者的雄才大略。

哲理性山水诗

中国传统文化中无论是游山玩水还是赏月玩石，都喜欢将赏玩的对象拟人化，不去寻求它们的来龙去脉，而是把注意力集中在它们的形态、姿态和体态上，用它们来比拟世间万物，比拟作者当时的心情和处境，尽可能从中提炼出某种带有普遍意义的哲理性格言、箴言。这方面最典型最精辟的总结就是孔子说的"仁者乐山，智者乐水"。以这样的语言，通过自然界与人生的比拟，给人以启迪、体验和审美的乐趣，唤起人们对生活的联想，对未来的探索，从而使这些富含哲理的教诲和诗篇的价值远远超越它所描绘的事物（或景色）本身的意义。

看看苏轼的《题西林壁》："横看成岭侧成峰，远近高低各不同。不识庐山真面目，只缘身在此山中。"其中的哲理一向为世人所传诵。这首诗以庐山为依托，写了纵看横看，写了近看远看，最后导出了"只缘身在此山中"的深刻哲理，话外之音似乎是：游山如此，世上的事物何不也是如此呢！由于自己所处的地位不同，看问题的出发点不同，对客观事物难免有片面性。要认识事物的真相与全貌，"跳出问题看问题"可能会更好一些吧！

杜甫的《望岳》既是一首抒发作者当时情感的名篇，也富含深刻的哲理，尤其是其中的千古绝唱"会当凌绝顶，一览众山小"，不仅表达了杜甫勇登绝顶的决心，也激励后人应该有不怕困难、敢于攀登和俯视一切的雄心和气概。同时，它又告诫我们在处事中不应局限于具体的事物与问题中，要从高的立足点，总揽全局，分析问题进而解决问题。

陆游的《游山西村》一诗告诫我们的又是另外一个道理。他在诗中写道："莫笑农家腊酒浑，丰年留客足鸡豚。山重水复疑无路，柳暗花明又一村。"诗中"山重水复疑无路，柳暗花明又一村"是脍炙人口的名句，对仗工整，自然天成，以极富哲理的语言写明了对难以名状的困境应有的态度，实在耐人寻味，多少年来激励着人们在困境中要有奋斗勇气和坚定信心："面包会有的，牛奶会有的，一切都会有的……"

山与画——"诗画本一律，天工与清新"

山水画是指以描写山川自然景色为主体的绘画，是中国画的重要画科。传统上按画法风格分为青绿山水、金碧山水、水墨山水、浅绛山水、小青绿山水、没骨山水等。一般分为两大类，一是青绿山水，二是水墨山水。青绿山水以墨线或金线勾勒轮廓，填以石青石绿为主的颜色，显得气象华美，金碧辉煌。水墨山水则以渲染为法，用笔简练奔放，强调水墨效能的发挥。

从自然界走出来的中国山水画

虽然东西方的山水并无两样，但反映在绘画文化上，中国山水画与西方的"西洋画"却具有明显的风格、技法和画风上的差异。这就是山文化内涵的一种重要表现。

先来看一看中国山水是如何从自然界走进画面的。

中国古代山水画最早出现于东晋。经过南朝的酝酿，出现了《画山水序》《叙画》等山水画的理论著作。到隋至唐初，受大兴土木风气的影响，山水画逐渐得以发展，所谓"山水之变，始于吴（吴道子），成于二李（李思训、李昭道父子）"。王维又改变李氏的青绿金碧山水为泼墨山水，使唐代山水画由重彩转为重墨韵，透出朴素和自然之美。王维以诗入画，诗画一体，对山水画的变革做出了重大贡献。所以后世多推崇王维、李思训为山水画的南、北二宗始祖。但是总体而言，早先中国画多以人物画为主，至五代北宋之后山水画愈发增多。继荆浩、董源、巨然之后，北宋关仝、李成、范宽三家鼎立，各擅胜场，完善了山水画的艺术表现，把山水画推向了一个历史高峰。

到南宋，由于北方沦亡，逃往南方的画家偏居一隅，心情上受到"山河破碎"的影响，在画面上留下了较以前多得多的空缺；画风上也受到南方山水的熏陶，致使整个山水画的画风大变，给后人留下颇多的教益。至元代，黄公望、倪瓒等人引领山水画走向抒发主观情感、创造多种风格的新途，使山水画中诗书画的结合日臻完美，水墨山水在元代画坛上占据了重要地位。明末董其昌简化古人所创的山水形象，参照书法开合起伏的法则，用以构置平面化的山水境界，造成山水画风的又一变化。清代山水画一派沿董其昌蹊径变化古法，在笔墨风格气味上谋求新意；另一派面向自

然亦发挥笔墨传情的效能，独抒个性。现代山水画家又把山水画推向了一个新的历史高度，代表画家有黄宾虹、张大千、傅抱石、关山月、石鲁、陈子庄、李可染、吴冠中等。

总体而言，中国的山水画稍晚于山水诗，南北朝已有发展，但仅处于人物画的附属和背景地位。隋唐伊始得以独立，北宋时大为兴盛，南宋时画风大变，奠定了多种风格中国山水画的基础。

"诗画本一律，天工与清新。"诗画同理的规律主要体现在它们的题材——山水中。宋代著名画家郭熙在《林泉高致·山水训》中指出："学画山水者何以异此？盖身即山水而取之，则山水之意度见矣。"意思是只有亲自走入山中欣赏山水形象，才能获得山水之意象与美感。"即""取""见"是画家把握山水美的三个阶段："即"是靠近自然、走进山水，到大自然中去饱游饫看，兼容并揽；"取"是去粗存精，摄物归心；"见"是将自己的心得体会通过画笔，见之于绘画之中，从而达到将天然山水经过画家的理解和制作后，真正理解和把握山水之美。

元代画坛巨匠赵孟頫曾赋诗云："久知图画非儿戏，到处云山是吾师。"精辟阐明了绘画艺术起源于对山水自然美的欣赏，山水画是画家与山水交相感应的产物。

意境源于山水

自然界的千变万化，山川河流的各具情态，画山水并不是真的为了模拟外在的自然风景，而是为了抒写一种心境，表达一种内在的精神和意趣，是为了"畅神"。因而山水画非常强调意境，主张以意为主，强调营造"山性即我性，山情即我情"的境界。因此，可以把作品视为人格化了的自然，画面中的形象往往是作者精神和情感的载体。要做到这一点，就必须长期潜心观察和体悟，笔下才能独具其神。

中央电视台网站上有一篇名曰《闲谈画时三境界》的文章，不妨摘录一些要点，体验一下画家作画时"山性即我性，山情即我情"的境界。作者将三种境界归纳为游历之境界、作画之境界和梦中之境界。首先要置身于大自然，在物我两忘的情境中，使自己成为山、水、石、土、树、云中的一分子，做到我在看山，我在画山，山即是我，我即是山。然后进入作画的境界，案头伏笔之时做到我即是彼，彼即是我，犹如我尚在未"归来"，依然置身于大自然中起舞，欲罢不能。最后进入梦中之境界，飘然步入无欲无尘的世界，壮游、神游、畅游，皆可淋漓尽致，所游之处即可游、可观、可居，亦可入画。

画山水者犹如此，游山水者，探讨山石水土文化者更应该如此，方可求得自然界之真谛，方可若痴若醉，自得其乐！

技法源于山水

画家在长期观察山水，于纸上泼墨山水的过程中，创造出了源于山水自然结构和形态的各种绘画技法。譬如笔法有勾勒、皴法和点苔等，墨法有积墨、泼墨和惜墨等。其中最具代表性的是皴法，这种独具创造性的技法被广泛用于刻画峰峦、山崖、石头和树皮的纹理，是历代画家为表现不同山石质感而创造的。三大类画法——线皴、面皴和点皴被分别用来表现不同质感、不同结构、不同明暗的山崖。线皴用来表现凹凸不平、结构紧密和脉络质感强的山石；面皴最能体现坚硬山石的质感，特别是花岗石或人工爆破后的山岩；点皴的笔锋如刀砍斧劈，适用于表现大山群山，以烘染苍翠的色调，表达山林葱郁的感觉。

风格流派具区域性特征

正如上面所说，绘画是画家个人对大自然美的心理反馈，因而受到作者出生地域、生活阅历和游历地区等个人经历和区域山水美感特征的影响，造成了意境、技法和风格方面的区域性特征。从宋初开始，南北山水画派由于南方和北方山水形貌特征差异的影响，在创作的绘画上显示出截然不同的风格。

当时北方山水画派的共同特点可以用峭拔、旷远和雄杰来概括。技法上虽然都是皴法，但用得最多的是比较硬性的钉头皴、雨点皴和条子皴，这是为什么呢？北方的山石大都石质坚硬，除了夏天，山上的植被难得有繁茂的时候，看上去裸岩较多，山体显得格外凝重，因而表现为雄伟峻厚、峭壁高耸。南方多丘陵，在开发较早的东部和中部地区更难见到雄峙嶙峋的高山，多是覆有土层的丘陵坡峦，因而南方山水画派多用董源创建的披麻皴来表现江南土山平缓细密的结构和纹理。这种风格一直影响到整个清代三百年的山水画。

山水画是中华民族艺术的宝贵结晶，是光辉灿烂的中华文化的一个重要组成部分。它所形成的完整的独立艺术体系，体现了中华民族的艺术特

2008年北京奥运会开幕式展示的"画卷"

征：中国人特有的审美情趣——简练、恬静、含蓄和韵律。难怪2008年北京奥运会的开幕式上就以中国水墨画贯穿始终：在充满丝竹古韵的《春江花月夜》乐曲声中，一卷独特的中国"画卷"徐徐展开，几位身着黑衣的舞者以身体做笔，以洒脱自如的舞姿，完成了一幅古意盎然的写意山水。

山与音乐——"非必丝与竹，山水有清音"

"丝"泛指弦乐器，"竹"泛指管乐器，它们构成了中国传统乐器的主流。此诗句出自左思的《招隐》，表示环境对人心情的影响。譬如，走进森林会听到莺啼燕啭、百鸟合鸣，散步在水边会听到流水潺潺，看到浪花飞溅。也就是说，处身于一个优美的环境中，根本无须弹琴作乐，因为山水流动的声音本身就是一首优雅的乐曲。

乐音和音乐都源之自然，而自然又赋予音乐家以无尽的创作灵感。从古至今，从东方到西方，有多少著名的音乐家被自然之美激起一泻千里的创作灵感，又有多少名曲将丰富多彩的自然美景融入动人心弦的音符之中。自然的赠予和人对自然的馈赠，本身就构成一首动人的音乐史诗。

音乐作品的创作和产生与山水有着直接的联系。山中鸟语莺歌、泉鸣山响往往既是创作者直接的素材，又能激发创作者的灵感和创作欲望。贝多芬《第六交响曲》的第二乐章是慢板，标题为"溪畔小景"。静心欣赏这段音乐，我们听到的似乎是乐器中出来的风声、鸟鸣声和波涛声。贝多芬说这段乐章是在一个被称作"维森山谷"中的一棵大树下完成的，在这大自然的气息中，即使他的听力已经非常微弱，依然感受到了很多自然的声响。理查·施特劳斯的《阿尔卑斯山》交响曲描写了登山者攀登的情境，有"夜间""高攀""险境""山巅"等 12 个段落，还应用了大量不合谐音，模拟了风声和窗鸣声，使聆听者从乐曲中感受到日出、森林、溪流、瀑布和灌木丛等风光和景物，感受到阿尔卑斯山那瑰丽的景色和作曲家的心情。美国作曲家格罗菲以交响组曲的形式写出了《大峡谷》这首游记音乐，把人们带上了阳光照射下的峡谷、悬崖、断壁。这里有阳光辉映下变化莫测的色彩，有山谷中崎岖的荒径和踽踽前行的毛驴，有落日的晚霞，也有突然发作的雷电闪鸣和倾盆大雨，最后雨歇云消，明月高照；人们仿佛随着乐曲的延伸，经历了大峡谷中的风风雨雨，在闹市中享受荒漠的清静和艰辛。法国作曲家丹弟则以交响诗的形式描绘了《夏日山中》，让听者如临其境地感受了山中夏日的清凉，把原作者庞普路纳的散文诗由语言化作音符表达山的魅力。另一位法国作曲家玛蒂侬在攀登阿尔卑斯之巅后，写下了以《山顶》为主题的第四交响曲，卷首写下了这样的诗句："奋力登高山，遑遑何所寻？宇宙先驱者，但求遇神圣。世事多忙碌，安得此纯真！"是啊！大自然是这样的纯真，是这样以自己的魅力吸引着人们——回归大自然！

举了这么多外国有关山文化与音乐的例子，切莫以为中国山文化中音乐是一个缺位的文化符号。音乐和琴声早就与中国传统的山文化结下了不解之缘。

春秋时代，楚国有个读书人，姓俞，名瑞，字伯牙。伯牙喜欢弹琴，从小在连城先生的指导下琴艺大进。但尽管伯牙天资聪颖，却总觉得未能捕捉乐曲的神韵，不能达到出神入化地表现对各种事物的感受。一天，老师对伯牙说："我带你去寻一个仙师点化点化，好吗？"伯牙高高兴兴地背着琴随老师乘船来到东海蓬莱山。老师让他坐地休息，自己去找仙师。伯牙在这巍峨苍郁的山野之中，久等不见老师归来，便沿一条山路寻去。绕

过一个山头之后，不想一幅奇景映入眼帘：一泓清水从天而降，如云中飞瀑，似雾中清泉，水花四溅如珍珠，激音回荡似仙乐。伯牙顿感天眼大开，灵感涌起，思绪万千。便席地而坐，抚琴而成妙曲。突然，他的身后传来老师的声音："哈哈，哈哈……仙师被你找到了。"伯牙恍然大悟，原来老师所说的"仙师"就是大自然啊！相传《水仙操》和《高山流水》这两首古琴曲都是伯牙所谱。从此，他的琴艺达到了炉火纯青的境界，但却始终没能找到一个知音。

有一年，在晋国做了大夫的俞伯牙奉晋王之命出使楚国。农历八月十五那天，他乘船来到了汉阳江口，遇风浪，停泊在一座小山下。晚上，风浪渐渐平息，云开月出，景色迷人。望着空中的一轮明月，伯牙琴兴大发，拿出随身带来的琴，专心致志地弹了起来。他弹了一曲又一曲，正当他完全沉醉在优美的琴声之中时，猛然看到一个人在岸边一动不动地站着。伯牙吃了一惊，手下用力，"啪"的一声，琴弦被拨断了一根。伯牙正在猜测岸边的人为何而来，就听到那个人大声对他说："先生，我是个打柴的，回家晚了，走到这里听到您的琴声，觉得琴声绝妙，不由得站在这里听了起来。"伯牙借着月光仔细一看，那个人身旁放着一担干柴，果然是个打柴的人。伯牙心想：一个打柴的樵夫，怎么会听懂我的琴呢？于是问道："你既然懂得琴声，那就请你说说看，我弹的是一首什么曲子？"听了伯牙的问话，那打柴的人笑着回答："先生，您刚才弹的是孔子赞叹弟子颜回的曲谱，只可惜，您弹到第四句的时候，琴弦断了。"

樵夫的回答一点不错，伯牙不禁大喜，忙邀他上船细谈。那樵夫看到伯牙弹的琴，便说："这是瑶琴！相传是伏羲氏所造。"接着他娓娓道出瑶琴的来历。听了樵夫的讲述，伯牙不由得暗暗佩服。接着伯牙又为樵夫弹了几曲，请他辨识其中之意。伯牙弹起赞美高山的曲调，樵夫说道："真好！雄伟而庄重，好像高耸入云的泰山一样！"当他弹奏表现奔腾澎湃的波涛时，樵夫又说："真好！宽广浩荡，好像看见滚滚的流水，无边的大海一般！"

伯牙听了不禁惊喜万分，自己用琴声表达的心意，过去没人能听得懂，而眼前的这位樵夫竟然听得明明白白。没想到，在这荒野之中，竟遇到自己久久寻觅而不得的知音，于是他问明樵夫名叫钟子期，与他喝起酒来。两人越谈越投机，相见恨晚，结拜为兄弟。约定来年的中秋再到这里相会。

与钟子期洒泪而别后的第二年中秋，伯牙如约来到了汉阳江口，可是他等啊等啊，怎么也不见钟子期来赴约，于是他便弹起琴来召唤这位知音，可是又过了好久，还是不见人来。第二天，伯牙就顺着上次钟子期回家的路去寻找。半路上，他向一位老人打听子期的家。这一打听才知道，原来，这位老人正是子期的父亲。老人告诉伯牙，子期又要砍柴又要读书，再加上家境贫寒，积劳成疾，已经在半月前去世了。临终前，他留下遗言，要把坟墓修在江边，到八月十五相会时，好听俞伯牙的琴声。听了老人的话，伯牙悲痛万分，他来到钟子期的坟前，凄楚地弹起了《高山流水》。弹罢，他挑断了琴弦，长叹了一声："我唯一的知音已不在人世了，这琴还能弹给谁听呢？"他把心爱的瑶琴在青石上摔碎，发誓终生不再抚琴。

两位"知音"的友谊感动了后人，人们在他们相遇的地方，筑起了一座古琴台。直至今天，人们还常用"知音"来形容朋友间的情谊。据记载，伯牙台建于北宋，清代重修后破败，二十世纪五十年代后修复。碑廊门额上有"琴台"二字，相传为北宋书法家的大手笔。今天，历经风雨的伯牙台已成为汉阳的一个重要景点，堂中金碧辉煌，堂前是伯牙抚琴的汉白玉琴台。当你在它前面驻足默立的时候，在湖光山色浓荫繁花当中，会看到碑廊门额上的四个字：高山流水。

说了这么多关于《高山流水》的典故，它到底是一曲什么样的名曲啊？简单地介绍一下吧！

《高山流水》是中国十大古曲之一，乃古代战曲，有琴曲和筝曲两种，两者同名异曲，风格迥然不同。在战国时就流传有关于《高山流水》琴曲的故事。乐谱最早见于明代《神奇秘谱》（朱权成书于1425年）。此谱之"高山"和"流水"解题有："'高山''流水'二曲，本只一曲。初志在乎高山，言仁者乐山之意。后志在乎流水，言智者乐水之意。至唐分为两曲，不分段数。至宋分高山为四段，流水为八段。"两千多年来，这首著名的古琴曲与伯牙鼓琴遇知音的故事一起，在民间广泛流传。故亦传《高山流水》系伯牙所作。

这"高山流水遇知音"的故事，正是中国传统山文化与音乐结缘的交结点。

山与"国家名片"

货币是一个国家的"名片"。它既是国家金融形势的一种体现,担负着商品交换的媒介职能,也浓缩了这个国家的自然、历史、政治、经济和文化的符号。与货币类似,一张不过方寸大小的邮票,既是一个国家的邮资凭证,又因为所浓缩的文化内涵更加丰富更加多样而受到收藏者的青睐。所以几乎世界上所有的国家,都非常重视把自己的国家形象刻画在货币和邮票上,它们是当之无愧的"国家名片"。

在《山石水土文化丛书》中,"山"和"石"是这两张"国家名片"上的常客。让我们把这些"名片"展示出来,探讨一下上面的山文化印记。

人民币票面上的壮美河山

迄今为止,我国已发行了五套人民币。第四套和第五套人民币上都有山文化的内容。

第四套人民币1元纸币背面图案

第四套人民币5元纸币背面图案

1987年发行的第四套人民币共有1角、2角、5角、1元、2元、5元、10元、50元和100元九种面值。各种面值人民币背面的图案,都有我国名山大川的身影,是一套艺术水平和欣赏价值很高的币制。

1元纸币的背面是雄踞有万里长城的北京八达岭。长城是中华民族的象征,它盘旋于起伏延绵的群山峻岭之脊,气势磅礴,雄伟庄严。

5元币的背面图案是长江巫峡景观。巫峡两岸青山连绵，群峰如屏，峰回路转中有著名的巫峡十二峰，群峰各具特色，峰峰奇异独特。

10元币的背面是世界最高峰——珠穆朗玛峰。珠峰海拔8844.43米，像一座巨型的金字塔耸立于群峰之上，气势不凡，景象壮观。

第四套人民币100元币背面是罗霄山脉中段的井冈山主峰。井冈山集自然风光和革命圣地于一体，有奇峰异石，流泉飞瀑，浮云薄雾，高山田园，也有很多革命胜迹，是中国革命的摇篮。

第四套人民币10元纸币背面图案

第四套人民币100元纸币背面图案

1999年发行的第五套人民币共有1角、5角、1元、5元、10元、20元、50元和100元八种面额，其中5元、10元、20元和50元四种面值的纸币背面都有山的形象和山文化的内涵。5元的背面以泰山为主题，将电脑制作的"五岳独尊"石刻与泰山主峰合成一张图。10元币背面乃是雄伟险峻的夔门。夔门又名"瞿塘关"，是长江三峡的西大门，它虽是三峡中最短的一个峡，却是最雄伟最险峻的一个峡口。20元的纸币背面则是"甲天下"的桂林山水。以"山青，水秀，洞奇，石美"为"四绝"的桂林山水，是

第五套人民币5元纸币背面图案

第五套人民币10元纸币背面图案

山文化的文明印记

111

第五套人民币20元纸币背面图案　　第五套人民币50元纸币背面图案

国家名片上断断不可或缺的山水一景。50元币背面是公元七世纪藏王松赞干布为远嫁西藏的文成公主而建的布达拉宫。这座雄踞于海拔3700多米的宫宇主楼13层，高115米，白色的宫殿在红色山石的映衬下显得格外耀眼。

邮票上的壮美河山

邮票是另一类"国家名片"，相对于货币而言具备非常有利的优势。货币的作用主要是在经济上，虽然也有一定的观赏性和收藏性，主要还是起着促进商品交换的作用，况且它不能发行得太多。从新中国成立至今的60多年，我国仅发行了5套人民币。邮票则不然。在现代社会，似乎它的观赏价值和收藏价值已远远超过了它作为邮资的作用。而且它的发行套数和每套的发行量随着集邮爱好者队伍的壮大，一年发行数十套、数万张是常有的事，甚至像圣马力诺这样以发行邮票为生的国家也不止三五个。

邮票这一"国家名片"的特点使山文化、石文化这样的自然科学文化形态登上了艺术殿堂。与山有关的邮票分为两大类："套票"和"单票"。我国发行的名山邮票大多是套票，它们多为大票幅邮票，画面气势非凡，发行量也很大。零星发行的单票即是单张发行的邮票，其发行量和影响范围相对都较小。

套票包含了重点风景名胜、革命圣地、五岳、自然保护区和与宗教有关的各类名山的邮票。下面按次序介绍各类名山邮票。

重点风景名胜区的邮票以介绍风景、名胜游览区为主要内容，包括主要旅游景点及其特色风光。已发行有《黄山风景》《庐山风景》《武陵源》

《黄山》《千山》《雁荡山》等邮票。

革命圣地的邮票以介绍有革命遗址的名山为主。如《宝塔山图》《革命摇篮——井冈山》，就是以宣传延安的宝塔山、江西井冈山上的几处革命遗址为目的。

《五岳名山》套票是一组系列邮票，反映了东岳泰山、南岳衡山、西岳华山、北岳恒山和中岳嵩山的各自特色，展现了它们雄伟、壮观的景象。这一组邮票的票名、票幅、枚数、印刷版别都整齐划一，均为1套4枚。《泰山》有岱庙晴雪、盘道通天、大观雄峰和云海日出；《衡山》有大庙巍峨、南岳如飞、衡山独秀和祝融雄峰；《华山》展现了西岳五峰、华山远眺、千尺幢和苍龙岭；《恒山》有悬空古寺、恒山雪霁、北岳恒宗和云中胜迹；《嵩山》有中岳古庙、嵩门待月、少林晴雪和嵩山如卧。

雁荡山邮票

五岳邮票

自然保护区的邮票始发于1993年，展现生态环境、生态保护的内容，兼及自然风光，呼吁人们重视和保护自然界的生态环境，具有明显的宣传效果。迄今已发行了《长白山》《武夷山》《鼎湖山》《神农架》和《六盘山》等5套邮票。

宗教名山的邮票主要是佛教的四大名山和道教的

长白山邮票

名山。佛教名山邮票突出了佛寺（庵）的特点，这是与上述名山类邮票的不同之处。1984年发行了《峨眉风光》，1995年续发《九华胜境》，后来又发行了《五台古刹》和《普陀秀色》。有关道教的名山邮票有《三清山》《崂山》和《武当山》等3套，这些宗教名山上的仙峰（三清山）、福地之灵（崂山）、海上仙山以及武当山的古老建筑群，都以颇浓的道家韵味上了"国家名片"。

　　有关名山的单票其实也不少，只是不成"组""套"而已。也有的邮票曾经出现在其他的套票之中，即为其他套票中的单枚票，如珠峰、台湾玉山和井冈山等名山，其意义、影响和文化性就另当别论了。

山与茶文化

　　茶树终年常青碧绿，富有生气，茶性净洁，久饮益思，这使由来已久的茶文化延续数千年而不衰。

　　山怎么会与茶结缘？山文化怎么会与茶文化联姻？这似乎是一个既简单又复杂的问题。

　　说"简单"是因为茶树需要温暖而潮湿的气候条件，以及层厚而疏松的酸性土壤。高山大致可以满足这种相对有点苛刻的条件。可是，并不是所有的高山都能符合这些条件的，还是慢慢道来吧！

高山出好茶

　　高山为什么会出好茶呢？这是茶树"脾气"之使然，是茶树的生物遗传学特性所决定的。

　　首先我们来看看茶树的"老祖宗"生长的环境。茶树原产于我国的西南地区，它们的祖先生长于多雨潮湿的原始森林，在长期的自然进化中，逐渐形成了喜温、喜湿、耐阴的生活习性。我国南方的高山地区正处于气候温暖湿润、雨量充足的亚热带和温带，终年云雾缭绕，空气和土壤的湿度相当高,加上峰峦叠嶂,溪水纵横,森林茂密,覆盖度大,让茶树光合作用形成的糖类化合物难以缩合,也不易形成纤维素,致使茶芽在较长时间内保持柔嫩而不易粗老。密林和云雾笼罩下由于光线受到雾珠的影响,茶树得到含有较多红光和黄光的自然光,茶芽中的氨基酸、叶绿素和水分含量较高。

其次,茶树的生长过程中既喜欢阳光,又耐得住阴凉;也就是说,它既能在强(阳)光下正常生长,也能在雾气腾腾的弱(阳)光下生长得很好,大大提高了茶叶的品质。高山上云雾缭绕,降低了光照强度,使漫射光增多,提高了茶芽的含氮化合物含量,特别是叶绿素、氨基酸的含量,而且高山上相对较低的温度促进了氨基酸、芳香物质的积累。

高山地区的昼夜温差变化也十分有利于茶叶中酶活性的转化。白天的高温有利于茶树的光合作用,产生和积累有机物质,夜晚的低温降低了茶树的呼吸作用,减少了对有机物质的消耗。这些化学物质的变化使高山茶比平地茶所含有的活性酶更加丰富,造就了高山茶的色绿、闻香、味浓等特点。

最后,虽说茶树对土壤的适应性很强,但真正高品质的好茶要求土层深厚、疏松、含有机质丰富的酸性土壤。高山地区植被繁茂,枯枝落叶形成的覆盖层改善了土壤质地和结构,聚集了大量有机质、化学元素和微量元素,满足了优质茶叶生长的需求。

我国古人就明白了"高山出好茶"的道理。明代陈襄古诗曰"雾芽吸尽香龙脂",说的就是这个道理:茶与青山做伴,偕云雾为侣;茶集天地日月之精华。

名山出名茶　名茶在中华

为什么说"名山出名茶"呢?可以从名茶和名山两方面来说。

我国是茶叶的故乡,并在九州大地经历了由西南地区走向全国的过程,在民间经历了药用、饮料和饮品的阶段。

几千年前神农时代,茶叶是被当作药用品的,后来成了宫廷专用的高级饮料。再后来走向民间,成为人人喜好的饮品。中国茶文化的传播过程中,对茶叶效用的宣传起到了十分重要的作用。《神农本草经》云:"神农尝百草,日遇七十二毒,得茶而解之。"苏轼在《茶说》中也提到茶:"性

苦而坚密，蛊毒自止。"汉代名医华佗、明代著名医药学家李时珍都详细叙说了茶的功用。历代不少学者名流常用"驱毒灭病""轻身换骨""还童振枯""明目益思"和"益寿延年"来肯定饮茶的好处。

茶叶效用的传播和普及，促进了茶树从原生地走向全国。春秋战国时期，茶树种植由四川、云南传入陕西、河南、安徽和甘肃，在许多温湿、荫蔽的地方找到了新家。秦汉以后，茶树的种子撒遍了长江以南的地区。

现在再来看看名山是怎样出现的。古话说"天下名山僧占多"，说的是许多名山上都有佛教的寺庙。实际上应该反过来说，世上的山是因为有了寺而得以盛名。此话怎讲？东汉末年，佛教自西域传入我国，到魏晋南北朝以后，各地寺院林立，佛教鼎盛一时。有了佛教就有了传经念佛的寺庙，有了寺庙就有了大量善男信女的朝拜，从而山因寺而得名。而山上僧侣长期居住在寺庙中，旷日持久地坐禅，他们嗜茶的习惯恰好起到了提神驱眠的作用（有白居易的诗句"疲睡见茶功"可证）。专心致志地念经拜佛、素餐淡饭的饮食习惯和清心寡欲的生活规律，使他们常常寿至耄耋，及至寿终正寝达"人瑞"者也不在少数。也正是在佛教传入我国并大行其道之时，即从三国到南北朝，茶树的种植在长江中下游地区得到快速发展，这其中不能不说是有一定联系的。

于是，"寺庙—僧人—饮茶—长寿"与"朝拜—宣传—名寺—名山"这两条线不知不觉地联系在了一起。从此，山因寺而扬名，茶因僧而名扬；反过来，寺因山而成名，茶因山而名成。于是"天下名山僧占多"和"名山出名茶"之说不胫而走……

说了这么多"名山出名茶"的道理后，再看看古人是怎么说的。据史料载称，我国有许多好茶和名茶都是僧侣发现和培植的。著名诗人李白曾在一首《答族侄僧中孚赠玉泉仙人掌茶（并序）》的诗中做了生动的描述。序中云："余闻荆州玉泉寺近清溪诸山，山洞往往有乳窟，窟中多玉泉交流……其水边处处有茗草罗生，枝叶如碧玉。惟玉泉真公常采而饮之，年八十余岁，颜色如桃李。而此茗清香滑熟，异于他者，所以能还童振枯，扶人寿也……"日本著名寺僧荣西所著的《吃茶养生记》一书，专门论述了饮茶的功用，视茶叶为圣药之本源，称之为神圣药品，有养生延寿之功。

名山、名寺、名茶出了名之后，便进入了文化人的研究探讨范围。名山，有葱郁的树林，如烟的云海，长流的清溪。名山，成了文人的追逐之地，吟诵之处。茶山诱人的自然风光丰富了茶文化内涵，吸引了更多的文人骚客。而文人雅士的畅怀抒情、纵情歌唱，对茶的推崇与赞誉，不但丰富了名茶的文化内涵，也使名茶的名声远扬。隋唐时期，名山古寺普遍种茶，茶叶与佛教所结下的不解之缘又延续至名山和名茶。古往今来，名人漫游名山大川时，品茗之余留下的许许多多吟咏名茶和名山的佳作名篇就是最好的佐证。

中国十大名茶

1959年全国"十大名茶"评比会评选出西湖龙井、洞庭碧螺春、黄山毛峰、庐山云雾茶、六安瓜片、君山银针、信阳毛尖、武夷岩茶、安溪铁观音和祁门红茶为中国的十大名茶，它们不仅以色翠、茶香、味厚、汤清著称，而且有着深厚的文化内涵。

西湖龙井茶

浙江杭州西湖周围的秀山峻岭造就了这位西子湖畔的"佳人"。这里依山傍水，气候温和，常年云雾缭绕，雨量充沛，加上土壤结构疏松、土质肥沃，使生长的茶树根深叶茂，常年莹绿。从垂柳吐芽到层林尽染，茶芽不断萌发，但以清明前所采之茶芽——明前茶为之极品。据说炒一斤明前茶需七八万颗芽头。

洞庭碧螺春

洞庭碧螺春产于江苏太湖洞庭山。这个地方气候温和，水面开阔，水气升腾，雾气悠悠，空气湿润，土壤呈微酸性或酸性，土质疏松，极宜于茶树的生长。

碧螺春属于绿茶，以形美、色艳、香浓、味醇的"四绝"闻名。碧螺春之名始于何时，说法颇多。据说是康熙将这种汤色碧绿、卷曲如螺的名茶赐名为"碧螺春"，成了皇帝独霸的贡茶。

黄山毛峰

产于安徽黄山的黄山毛峰属绿茶烘青类。它形似雀舌，色如象牙，入杯冲泡雾气结顶，汤色清碧微黄，叶底黄绿有活力，滋味醇甘，香气如兰，韵味深长。由于新制茶叶白毫披身，芽尖峰芒，故取名"毛峰"。

庐山云雾茶

庐山云雾茶古称"闻林茶"，产于江西庐山，以香馨、味厚、色翠、汤

清而闻名于世。庐山云雾茶始于晋代，唐朝时已闻名于世。相传，它是东林寺名僧慧远由野生茶培植而成的名茶。至宋代，成为贡茶。

庐山群峰挺秀，林木茂密，泉水涌流，雾气蒸腾，因而使庐山云雾茶素有"色香幽细比兰花"之誉。庐山云雾茶生长期长，茶生物碱、维生素C的含量都高于一般茶叶。它芽壮叶肥，白毫显露，色翠汤清，滋味浓厚，香幽如兰。味似龙井却比龙井醇厚，色金黄近沱茶然较沱茶清淡。

庐山云雾茶的主要茶区在海拔800米以上，由于江湖水汽蒸腾而常年云海茫茫，一年中有雾天近200天。谷雨后茶树萌发，适逢雾日而造成其独特品质。

六安瓜片

驰名中外的安徽绿茶——六安瓜片产于安徽金寨县，这里地处大别山北麓，高山环抱，云雾缭绕，气候温和，植被繁茂，正是孕育绿色饮品的好地方。这种由嫩梢壮叶去梗、去芽制作的瓜片茶，不仅被徐光启称为"茶之极品"，被清宫列为"贡品"，被曹雪芹在《红楼梦》中视为珍品，到现代还多次"出使"美国和俄罗斯，成为国际互赠的珍贵礼品。

君山银针

君山又名洞庭山，为湖南岳阳市君山区洞庭湖中的一个小岛。岛上土壤肥沃，多为砂质土壤。春夏季云雾弥漫，树木丛生，遍布茶园。君山银针形细如针，茶芽茁壮，长短均匀，茶芽内面金黄色，外层白毫显露，包裹坚实的茶芽犹似银针，雅称"金镶玉"。有诗曰："金镶玉色尘心去，川迥洞庭好月来。"君山茶始于唐代，清朝时被列为"贡茶"。

君山银针茶香气清高，味醇甘爽，汤黄澄高，芽壮多毫，白毫如羽，芽身金黄发亮，着淡黄色茸毫，叶底肥厚匀亮，滋味甘醇甜爽，久置不变其味。冲泡后，芽竖悬汤中冲升水面，徐徐下沉，再升再沉，三起三落。据说文成公主出嫁时就选带了君山银针茶入藏。

信阳毛尖

信阳毛尖，亦称"豫毛峰"。人们赞美它"身段苗条佩玉绢，未涂脂粉香自来；茶山远处心迫切，信阳别时更依恋"。

信阳毛尖多产于海拔500～800米以上的山区，这里山势延绵，群峦叠翠，溪流纵横，云雾弥漫，景色绮丽诱人。清人张铖诗曰："立马层崖下，凌空瀑布来。溅花飞霁雪，暄石响晴雷。直讶银河泻，遥疑玉洞开。

缘知龙伯戏，击水不能回。"乾隆时有个拔贡叫程悌，游信阳毛尖主要产地车云山后留下一诗："云去青山空，云来青山白。白云只在山，常伴山中客。"这云雾弥漫之地，丝丝缕缕如烟之水汽，滋润了肥壮柔嫩的茶芽，成为信阳毛尖独特的生长环境。

武夷岩茶

福建东北部的武夷山群峰相连，峡谷纵横，气候温和，冬暖夏凉，雨量充沛，素有"奇秀甲于东南"之誉。古人曰："武夷不独以水之奇而奇，更以茶产之奇而奇。"这茶"奇"在哪里？原来这里的茶农多利用岩凹、石隙和石缝，砌上石岸种茶，成为"盆栽式"茶园，因而有"岩岩有茶，非岩不茶"之说；自古以来茶农也用"岩味"厚薄判别岩茶的优劣。武夷岩茶素以香高持久，味浓醇爽，饮后留香而饮誉中外。

大红袍是武夷岩茶中最负盛名的顶级茶品，可谓"茶中之圣"。它由生长于武夷山九龙窠高岩峭壁上的4株枞茶树所产，这里岩壁直立，少见阳光，终年有细小甘泉自岩顶滴落，岩壁上至今留有1927年天心寺和尚的"大红袍"石刻。

铁罗汉乌龙茶也是武夷山名茶的一绝。它是以武夷宋树鲜叶所制，采制工艺与大红袍类似，茶水绿里透红，清香回甘，香气馥郁悠长，多次冲泡余香不息。

安溪铁观音

"安溪竞说铁观音，露叶疑传紫竹林。一种清芬忘不得，参禅同证木樨心。"铁观音又称红心观音、红样观音。铁观音属于乌龙茶类，属半发酵茶类，是乌龙茶的代表。

祁门红茶

祁门红茶（祁红）产于安徽省祁门。产区内自然条件优越，温暖湿润，土层深厚，雨量充沛，云雾弥漫，林木繁茂，很适宜于茶树生长。加之当地茶树的主打品种——槠叶种内所含物质丰富，酶活性高，很适合制作

大红袍茶树

成红茶。"祁红特绝群芳最,清誉高香不二门"是古人对它的赞誉。据说祁门红茶还是英国女王和王室的至爱饮品。国际市场将其与印度大吉岭茶、斯里兰卡乌伐的季节茶并列为世界公认的三大高香茶。

山与建筑文化

在原始社会,人类居住的是天然洞穴,因此与山结下了不解之缘。经过数万年的发展,人类搬出山洞开始造屋盖房,改善居住环境,但还是断不了与山的缘分。首先,不管这些房屋是直接建筑在山上还是建在平地上,所用的建筑材料要么是山上的石头,要么是山林中所产的林木。而中国传统建筑无论从规模上还是风格上,都与山密切相关。比如,古代建筑不仅要满足内部结构性能和实际用途的需求,在外部造型上,那些亭亭如盖、飞檐翘角的大屋顶,既像突兀耸立的山峰,也起到了排水、遮阳的作用,这都是从山那里得到的启迪。

更重要的是,中国古人从自身的生活经验中认识到人类生存离不开山和水,并学会了利用山和水给人类的启迪营造适宜的生态环境。"三面环山,一面临水"是古人从实践中总结出的理想生态环境模式,这种经验经过历史陶冶,形成了传统的中国风水学说。在中国古代,这种风水学说几乎成为选择和决定一切房屋建造地点的指导。

所以,中国古代建筑无论从选材、选址,还是建筑风格和规模上都延续着传统山文化的内容。

民居

"安居"才能"乐业"。我们的祖先在安居中从不吝啬自己的想象力,根据居住地地形、气候、物产特点,结合他们的生活习俗,建造了千姿百态的民居。这些民居中有的依山势而建,有的则利用山中物产作为建筑材料,都透出了那份对山的依恋和融洽。譬如,受山体屏障作用影响,山区居民一般都选择在向阳、背风、干爽的阳坡修建住屋。

云南大理的四合院与北方的四合院也有差异。大理城市西靠苍山，东临洱海，四季有风，有时风力很大，所以住宅多背靠苍山，坐西朝东，并以正房对面的一座照壁挡风。而在青藏高原横断山区，居民多以当地山上多产的石材筑房，建成坚固的石碉房（楼）。所以，我国传统的民居建筑无论是选址、格局，还是建筑风格上都或多或少受到地形的影响，体现出人对自然的认识和态度。

其中最为典型的恐怕要数窑洞和吊脚楼了。我国西北地区经济不发达，气候比较干燥，而且土质较为坚实，所以在土山或土崖上挖洞造房就成了百姓最经济有效的手段。窑洞不仅可以抵御西北强大的风沙天气，而且冬暖夏凉，是典型的人居与自然和谐的产物。在陕西部分地区，窑洞几乎占当地农村住房的80%。一排排的窑洞，浓缩了人们对大地的依恋。

如果说依山挖窑洞是因西北农村贫困的无奈之举的话，那么西南山区依山而建的吊脚楼则体现了古人建筑艺术的高明之处。在"地无三尺平，天无三日晴"的贵州山区，弯弯曲曲的山路从山脚延至山顶的梯田，让农

依山而建的小四合院（蒋玺 摄）

坚固的石碉房

窑洞

凤凰古城独特的吊脚楼（麻少玉　摄）

民的生产和生活都与山融为一体。这里高高低低的山峦一个接一个，气候炎热而潮湿，而且晴雨无常，人们就利用山中丰富的林木创造了适宜居住的房屋——吊脚楼。这些吊脚楼依着自然的山势，利用长短不一的柱子在高低不平的山坡上架起。每个吊脚楼一般有两层，上层住人，下层架空不做外墙，供圈养牲畜或堆放农具杂物。而且，一般上层有利用横梁承托的挑廊向山外侧伸出悬于半空中，不仅获得了更大的居住空间，也便于人与牲畜在挑廊下通行。这种吊脚楼优点很多，它依山而建，既保住了山区珍贵的平地资源，又让住宅通风防潮，同时能防止山上野兽的侵袭，可谓一举多得。所以，吊脚楼在四川、湖南、湖北、云南等气候潮湿的山区也很常见。

宫殿和皇家园林

宫殿

　　山象征着高、大、稳、重，这与封建社会天赐神授的帝王皇权不谋而合，所以古代宫殿在建筑风格上也从大山之处得到启发，稳重、大气自然而然成为宫殿建筑文化的主旋律。

紫禁城太和殿

　　说到宫殿，不得不说紫禁城。紫禁城坐落在开阔平坦的北京小平原上，那么平地建房应该是最简单不过了。但当你拿到紫禁城导游图册的时候，肯定会发现城中数座宫殿都建造在高低不一的高台之上。你千万别以为这是建筑师为骗取工程款而巧立的工程项目，它可是封建帝王皇权至高无上的象征。封建帝王高高在上、君临天下，他们工作、生活的地方，建筑也要高人一等。所以，这些宫殿都设计了等级不一的台阶，给人一种依山而上的感觉，强迫朝拜者放慢脚步，彰显皇家的威严和气魄。这些建筑中，太和殿是皇帝举行登基典礼、做寿辰、举行重大节日活动的地方，是紫禁城的中心，位于全国政治金字塔的最顶峰，所以理所当然地成为皇城中最高、最大的建筑。同样，天坛祈年殿、太庙正殿等许多重要殿宇都坐落在筑起的高台之上。这些都是得到了山高大形象的启发，以彰显封建皇权的"高""大"，以及统治者对这种权利追求"稳"的意愿。

　　不仅如此，紫禁城作为皇帝的"家"，也不例外地讲究中国传统住宅对依山傍水的原始渴望。所以，在建造紫禁城时，人们在太和殿前挖出一条河道，引护城河的水流经太和殿前，便有了一条"金水河"；然后，又利用挖掘护城河取出的土在紫禁城后方堆积了一座土山——景山。这样，这座皇家宫殿就具备了背靠大山、面临流水的理想居住环境，也透出了中国传

坐落于拉萨红山上的布达拉宫

统建筑文化的山水情结。

  为了彰显王权的崇高与威严,有的帝王就直接把宫殿建造在山上,其中最著名的可能要属西藏的布达拉宫了。布达拉宫最初是松赞干布为迎娶文成公主而兴建的,它屹立于拉萨市区西北的红山上,是一座规模宏大的宫堡式建筑群。布达拉宫外观13层,相对高度115.7米,从山脚至山顶,依山垒砌,群楼重叠,殿宇嵯峨,气势雄伟,有横空出世、气贯苍穹之势。

  建于公元前五世纪的雅典卫城,也是建造在山坡台地之上。从坡脚到坡顶,雅典卫城由多座神庙组成,坡顶的帕提侬神庙是这个建筑群的中心。虽然经过数千年风雨和战火的洗礼,建筑群只剩下残破的遗迹,但耸立山巅的帕提侬神庙以及它巨大的白色大理石柱廊,仍向我

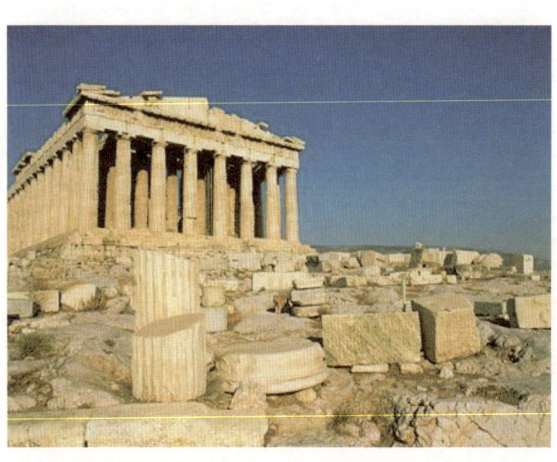

雅典卫城

们诉说着当年的绚丽与庄重。

皇家园林

中华大地园林不计其数，有天然园林，也有人工建造的园林。但是，在中国无论是帝王将相还是平头百姓，都无法割舍对山和水的那份依恋和热爱，这就成就了所有园林的共同点：具有自然山水的形态。

皇家园林是专供皇帝休闲游乐的场所，在所有园林中规模最为宏大，内容最为丰富，代表了园林建筑的最高水平。保存得最为完好的清朝皇家园林堪称完美的典型。在北京西北郊，有五座历经百余年建成的"三山五园"清朝皇家园林：香山静宜园、玉泉山静明园、万寿山清漪园、畅春园、圆明园。

首先从名字就可看出，这些著名园林就有三个冠有"山"字。香山静宜园是以香山为主体的皇家园林，这里山峰叠翠，林木葱郁，秋天更是满山红叶，层林尽染，是繁闹都市外的天然氧吧。玉泉山位于香山之东，虽然山体并不雄伟高大，但山中泉水潺潺，长年不断，为这座小山平添了几分灵气。万寿山清漪园可能知名度不高，但说到它的另一个名字——颐和园，恐怕就无人不知了。颐和园是中国最著名的皇家园林之一，由宫廷、前山前湖和后山后湖三部分组成。万寿山原本不大，后由挖掘昆明湖取土

颐和园

逐渐堆高而成。万寿山不仅山色秀丽，依山而建的众多亭阁和佛寺组成的庞大建筑群更增添了它的庄严和磅礴。尤其是佛香阁，本身高达40米，雄踞山腰坡上，面朝昆明湖，登阁远眺，湖光山色尽收眼底。后山山林葱郁，小型园林建筑隐秘其中，又平添了几分幽深寂静。

说到这里，是不是这"三山五园"中没有"山"字的畅春园和圆明园就与山无关了呢？当然不是。这两个园都是在平地上建起的皇家园林，但随处可见玲珑别致的小山丘，这是建设者不惜花费大量精力在平地上挖土堆积而成，可见造园者对山的热爱和执着。

中国皇家园林的另一个杰出代表是承德避暑山庄。它选址于承德一片由山林、平地和洼地组成之地。这里林木茂盛、水网罗列、气候清凉，是避暑胜地。整个避暑山庄中山地面积占三分之二。山体群峰苍翠、连绵起伏；山上枝繁叶茂、郁郁葱葱。在山中众多的亭台楼阁和若隐若现的小径点缀下，这座皇家园林更显博大幽深。

说了这么多，为什么园林离不开山呢？让我们来想象一下，如果你漫步在一个一平到底、没有地形起伏的公园，那将是多么索然无味呀！而园林中山元素的存在，恰好为游园者提供了立体的感官享受。因而，即使在一

故宫御花园中的假山（蒋玺 摄）

片平坦之地建造园林，造园者大到掘土堆积土山，小到砌石成假山，在满足游人感官享受的同时，更体现出人类对自然山水的追求与热爱。可以说，无山不成园。

陵墓

古人认为，人死亡只是肉体的消亡，灵魂永不会消失，只是离开现实世界到另一个世界生活，这个世界就是"阴间"。所以，为了能在阴间生活得更好，古代帝王都会像营造宫殿一样建造他们的阴间住宅——陵墓。因此，正如上面讲到的宫殿一样，古代帝王对陵墓的建造也十分重视，不仅要求内部高贵奢华，在陵墓外部形象上也力求彰显皇家的"高""大""稳"。

秦始皇是中国第一位皇帝，他在公元前221年统一中国后，就开始建造自己的陵墓，一直到去世。秦始皇陵庞大的地上宫殿建筑群在秦朝灭亡时已被烧毁，但地上由人工堆积的锥形陵墓却保存了下来。虽然经历了两千多年风霜雨雪的侵蚀，今天我们仍然可以感受到它的高大雄伟，可见当时规模之宏大。

与秦、汉用人工在地上堆积陵墓不同，唐朝的皇陵多选择自然山体作为陵体，墓室筑在山石之下，所以陵墓整体外部形象比过去的皇陵更显气魄与博大。比如唐高宗和皇后武则天的合葬墓——唐乾陵就选址于陕西乾县境内的梁山。梁山有三座山峰，其中北峰最高，南面两峰较低，分列于北峰之南东西两侧。乾陵就以北山作为陵体，开山石辟隧道，置墓室于山石之下。北峰四周筑有方形陵墙，四面各开一门，自南门从南面两峰间辟有陵墓神道，南面两峰上各建有楼阁相对作为阙门，显示了皇陵的宏大气势。

皇家陵墓不仅在外形上追求山一样的"高"和"大"，选址上也十分讲究。前面讲到，三面环山、一面临水是中国古人从实践中总结出的理想生活环境。由于宫殿多修建于都城之中，所以紫禁城只能通过人工开河和堆积土山来制造依山傍水的风水形势。而帝王陵墓多建于城外，就可以充分利用大自然中的山水环境来满足人们对背山面水的风水要求了。其中最典型的要数明十三陵。

明十三陵选址于北京昌平区以北的天寿山南麓。天寿山是燕山支脉，

山势如行龙，群峰突起，连绵数十里；自西由北又向东再折向东南，呈三门环抱、南面开阔之势，并在昌平区以北又有少量山峰迎面而立。就在这三面环抱的天寿山下又有一片平坦之地，而天寿山众山峰间的山水溪流汇向山间平地，所以形成了三面环山、一面临水的理想风水之地。因此自明成祖朱棣迁都北京至明朝末代崇祯皇帝，先后13位明代帝王都在这里建造陵墓，在天寿山下形成了一个庞大的帝王陵区。

在中国，还有很多陵墓被直接建造在山上，那是后人通过"抬高"陵墓的地理位置来表达对逝者的尊重和怀念。这些山上的陵墓常利用山势建起缓缓向上的阶梯，使庄严的凭吊气氛中平添了几分肃穆。每一个上过南京中山陵的人，恐怕都会有这样的感觉。

寺庙道观

寺庙

纵览我国名山大岳，几乎山山有寺，岭岭有庙。有的名山，经过历代僧侣的长期经营，佛教建筑构成了山中的主要景观，山因佛寺而得到开发并备受推崇，形成了佛寺集中的佛山。其中最著名的是山西五台山、四川峨眉山、

峨眉山金顶（蒋玺　摄）

浙江普陀山和安徽九华山,号称佛教四大名山。这些山或高大雄伟,峡谷幽深,奇峰怪石林立;或矗立海上,尽显乘风破浪之势。山上寺庙或成合院式群体,或单体散置,错落有致,风格各异。它们或屹立山巅,或依山而建,或隐于林中,人文建筑与自然环境融为一体。山因佛寺而扬名,寺因居山中而兴盛,山寺共荣,经久不衰。

中国寺庙建筑有意将内外空间模糊化,讲究室内及室外空间的相互转化。它在整体设计上有两个主要特点。第一是几乎所有的古代寺院都有一条明显的中轴线。正中路前为山门,山门两侧有四大金刚塑像。往前沿着主轴线便是寺内最主要的建筑,依次为天王殿—大雄宝殿—藏经楼。沿途左右两侧为钟楼和鼓楼,正中路左右分别为僧房和斋堂等。第二个特点是殿堂、门窗、亭榭、游廊的侧面全部呈开放式设计,意欲将自然纳入寺庙之中:"托体同山阿";寺既藏于深山,也就成了深山的一部分。这种将建筑与自然融为一体的设计思想正是天人合一的体现。

道观

道教宫观是道士们修炼的地方,一般称为观、庵、府、庙、院,经皇帝赐额封赠者称为"宫"。绝大部分道观也与佛寺一样,建筑在安静、空旷、风景优美的山岳或山林之中,与世俗的繁华相隔绝,竭力营造道教的十大洞天、三十六小洞天、七十二福地的境界。道观的布局吸收了我国古代阴阳五行学说的精义,以子午线为中轴,讲究对称。沿南北中心线坐落的宫观为主要建筑神殿,是主要活动场所;根据八卦分为乾南坤北、天南地北之方位。

中国的佛、道两教的教义虽有一些差异,但都追求

武当金顶"皇城"(倪集众 提供)

一种超凡脱俗的境界。这就决定了大多数的佛寺道观都选择建于深山僻地，尤其是风景秀丽、气候宜人的名山胜景之中。如四川青城山、湖北武当山、江西龙虎山和安徽齐云山，号称道教四大名山。泰山、华山、恒山、衡山、嵩山组成的五岳也是著名的道教名山。而且很多名山既有寺庙又有道观，如四川青城山，前山多道观，后山多寺庙，当地人称为"前道后佛"。所以，中国自古就有"无山不僧道"的说法。

佛塔

佛塔起源于印度。公元一世纪初随佛教传入中国，中国工匠们将印度原有的覆盆式塔造型与中国传统的楼阁相结合，便产生了楼阁式塔、密檐塔、喇嘛塔、金刚宝座塔和墓塔等。建筑材料也多样化，除了木塔、砖石塔，还有金属塔、琉璃塔等。塔一般由地宫、基座、塔身、塔刹组成，塔的平面以方形、八角形为多，也有六角形、十二角形、圆形等形状。塔有实心、空心，单塔、双塔之分。塔的层数一般为单数，如三、五、七、九、十一、十三层……所谓"救人一命，胜造七级浮屠"，七级浮屠指的就是七层塔。

登封少林寺塔林

佛塔又是怎样和山岳结缘的呢？佛塔原是保存或埋葬佛教创始人释迦牟尼的舍利的建筑物，后扩演为高僧圆寂之地，是独具特色的佛教古建筑。按佛教所规定的礼仪，寺僧圆寂后，按其佛学修养、在寺地位及本人威望、弟子多少来建造不同等级的佛塔，以彰显他在佛教中的功德。所以，佛塔也就随佛寺的发展进入了名山大岳。不仅如此，佛塔因为高耸挺拔，有很大的宣扬和招引作用，因而在建造时不但注重外观，建造位置也十分讲究，常常成为佛寺的标志性建筑。譬如，杭州开元寺的六和塔，地处钱塘江边的山上，建于公元970年，它不仅供奉舍利，而且具有威震钱塘江洪水之害的象征作用。在北京皇家园林玉泉山静明园内的香岩佛寺中有一座玉峰塔，它屹立在玉泉山主峰顶部。站在塔顶极目远眺，周围的香山、圆明园、颐和园等园林的湖光山色一览无余。玉峰塔也成为玉泉山的制高点和静明园的中心。

佛寺建造佛塔原本是为了供奉舍利，除此并无他用。但这些佛塔屹立江湖之畔、高山之巅，人们也逐渐认识并开发了它们的新价值。佛塔不仅是自然山水中点缀的重要人文景观，而且成了登高望远的最佳地点，同时还有战时瞭察敌情和为航运提供导航的作用。所以，佛塔的作用得到了广泛的延伸，也包含了比佛教更为丰富的内容和价值。到全国各地看一看，你就会发现很多佛塔都是建在山之巅或者山崖突出之处。例如，江苏省镇江市的金山寺，地处长江边的金山上。寺庙沿山势而建，寺中殿堂散置于山脚和山腰上，而唯独佛塔建于金山顶上，取名慈寿塔。塔有八面共七层，而且塔内有楼梯可登至各层，站在塔上凭栏眺望，近处城镇街市，远处长江帆影饱收眼底。慈寿塔造型修长，矗立临江金山之顶，更显凌空之势，成为镇江市的标志。杭州西湖边南屏山顶的雷峰塔，不仅成就了西湖十大美景之一——雷峰夕照，许仙和白娘子的爱情传说更让人为之动容，以至于在原来的雷峰塔倒掉之后，人们又在遗址上修建了新的雷峰塔，可见人们对它的喜爱和欣赏。

有意思的是起源于佛教的塔经过千百年历史的洗礼，又增添了新的内涵。有的地方开始修建单纯的风景塔、风水塔和某人某事的纪念塔。这些塔已不再是佛塔，它们要么纯粹是为观景而建，但更多的是为满足人们对风水上驱妖避邪、镇魔降怪的情感慰藉。有的更成为一种全新的文化传承，例如革命圣地延安的塔。

石窟

　　石窟是开凿在山崖壁上的石洞，它是印度早期佛教建筑的一种形式，里面雕塑有大量的佛像，洞壁上描绘有佛教故事的壁画，所以石窟实际上就是依山开凿的寺庙。石窟不仅是佛教建筑的一种形式，它所保留的大量古代雕刻、泥塑和绘画艺术珍品，更是研究中国社会史、佛教史、艺术史及中外文化交流史的珍贵资料。

　　石窟是佛教建筑，与寺庙一样，一般选址于地理位置偏僻、环境幽静的地方，以利于修行。而且，石窟最大的特点是开凿在山势险要之处。古人曾这样形容其险要："青云之半，峭壁之间，镌石成佛，万龛千窟，虽自人力，疑似神功。"下面，来看看我国最著名的四个石窟。

　　敦煌莫高窟是现今甘肃省敦煌地区几座大型石窟的总称，包括敦煌莫高窟、西千佛洞、安西榆林窟、东千佛洞和肃北蒙古族自治县5个庙石窟。其中以莫高窟建成最早，规模最大，内容最丰富。它位于敦煌城东南25千米的鸣沙山与三危山之间的断崖上，开凿于前秦建元二年（366年），历经了前秦、北凉、西魏、北周、隋、唐、五代、宋、西夏、元和清等朝代，石窟数量达千余个，现仅对留有壁画或塑像的进行编号，数量已达492个，保存有历代彩塑3390身。经过百余年的发掘和研究，敦煌石窟作为中华民族的艺术瑰宝，已经成为一门蕴含深厚历史、宗教、艺术和文化内涵的学科——敦煌学，是我国的民族艺术珍宝和人类文化的明珠。

　　麦积山石窟始建自公元五世纪初，经过十多个朝代的开凿和重修，成为一座大型的石窟。麦积山是一座紫褐色砂砾岩构成的山崖，山势陡峻，独峰耸立，最初利用天然岩洞开凿洞窟，后来由于砂岩不易雕琢而改以

敦煌石窟

麦积山石窟（尚滔 摄）

彩妆泥塑为主。现存的221个洞窟中保存了从公元四世纪至十九世纪以来的历代泥塑、石雕10632余件和壁画979.54平方米。这样看来，如果说敦煌是一个大型壁画馆的话，那么麦积山就是一座大型的雕塑馆。这里的雕像，大者高达15米，小的仅有数十厘米，向我们展示千余年来各个时代塑像的特点，系统地反映了我国泥塑艺术的发展和演变过程。难怪雕塑家刘开渠称它是"东方雕塑陈列馆"，历史学家范文澜则将其誉为"陈列塑像的大型展览馆"。这里的泥塑大致可以分为突出墙面的高浮塑、完全离开墙面的圆塑、"粘贴"在墙面上的模制影塑和壁塑四类。其中数以千计与真人大小的圆塑极富生活情趣，被视为珍品中的珍品。

　　云冈石窟位于山西大同市以西16千米处的武周山南麓，东西绵延约1千米，气势恢宏。现存主要洞窟45个，附属洞窟209个，雕刻面积达18000余平方米，佛龛约1100多个，大小造像59000余尊，代表了公元五世纪至六世纪时杰出的佛教石窟艺术。其中的昙曜五窟，布局设计严谨，是中国佛教艺术第一个巅峰时期的经典之作。

仁者乐山
藏龙卧虎的山文化

云冈石窟

龙门石窟

龙门石窟位于河南洛阳南郊6千米处的伊阙峡谷间，是中国现存规模最大的皇家石雕。自北魏至北宋的400余年间开凿，迄今仍保存有2300余个窟龛，造像10万余尊，碑刻题记2800余件，数量之多居中国石窟之首。龙门石窟中最大的石刻造像是奉先寺的卢舍那佛像，总高达17.14米，其两侧的石刻像也高达10米。为容纳这些庞大的佛像群体，工匠们在山崖上开凿出了深41米、宽36米的露天场地，然后才在里面雕凿佛像。在当时的技术条件下，光开山工程就花了近4年，开出石方3万余方，工程浩大可想而知。

随着石窟艺术的不断发展，为了显示佛像的神力，以对信徒更具吸引力，石雕佛像被越做越大。至唐代，出现了许多矗立在露天石崖山壁上的巨大佛像，其中最有名的是四川乐山凌云寺大佛。这座大佛高达71米，肩宽28米。乐山大佛依附于凌云山，根据山势利用天然岩石雕刻而成，凌云山面临岷江，大佛从江边崖底直至山顶，号称"山是一尊佛，佛是一座山"。

军事建筑

前面提到，修筑于高山之巅的塔楼具有可登高望远的优势，所以在战时常发挥着重要的军事作用。而中国古代有很多建筑则是专为军事活动而修建的，它们在古代战争中扮演着极为重要的作用。古代军事建筑中，意义最重大者当然非长城莫属。

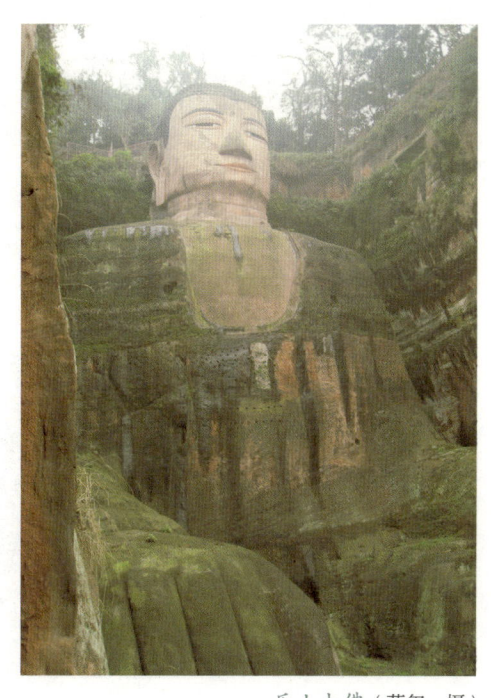

乐山大佛（蒋玺 摄）

长城是中国古代最杰出的军事建筑，它是中国古代中原农业民族为防范北方游牧民族侵袭而建的防御工程。早在公元前九世纪，北方就开始修筑烽火台，并逐渐沿烽火台建造城墙，形成了最早的长城。公元前221年，秦始皇统一中国，把北方原属燕、赵、秦等国的长城连接起来，形成了完善的城墙防御系统。汉代为了保障丝绸之路的畅通，又把长城向西延至河西，直到新疆。自汉代后历朝历代都对长城进行过维修，以明代的规模最大。明长城东达辽东，西止甘肃嘉峪关，横贯中国北部，累计总长超过2.1万千米，形成名副其实的万里长城。

长城多沿山脊线延伸，蜿蜒于中国北方群山峻岭之巅。建在山脊之上固然增加了建造的难度，却大大提高了御敌的能力。而且，关城、城墙、城楼、角楼和敌台，构成点、线、面的结合，在北方大地勾勒出一幅气势磅礴的神奇画卷。可以说，长城不但有着实际的军事价值，也具有巨大的审美价值，同时也是中华民族坚韧不拔的意志和爱好和平精神的最好体现。所以有人说，如果要用一座建筑来体现中华民族的基本精神，长城就是最

仁者乐山
藏龙卧虎的山文化

八达岭长城（蒋玺　摄）

好的选择。

　　长城是世界公认的人类创造的七大奇迹之一，它凝结着古代劳动者无穷的勤劳和智慧。在经历了近3000年后的今天，长城作为军事防御系统的使用价值已经消失了，但它的精神意义却存留了下来，并将作为宝贵的精神遗产传承下去。

神山一瞥

　　山以高高耸起的雄姿，把天与地相连，致天地浑然一体。春天来时，阵阵暖风轻轻吹过，山坡随即披上一层毛茸茸的"地毯"；夏天似火的骄阳晒得向阳坡能烫熟鸡蛋，背阳坡却像一个巨人给你提供了一把遮阳伞；秋天是收获的季节，满山青草任牛羊们咀嚼；随着冬天的来临，山就没有那么温柔了，狂风飞过山崖，鹅毛大雪给山上的一切穿上一件白色的衣裳……没有了春天的笑容，失去了夏天的喧闹，听不到秋天丰收的欢笑，有的只是白茫茫的山坡上风夹着雪吹过的声音，让山显得那么平静而威严。

山是温柔的、慷慨的，但有时山也是狂暴的、冷酷的。岑参曾在《走马川行奉送封大夫出师西征》一诗中描写过恶劣的山区天气："将军金甲夜不脱，半夜军行戈相拨，风头如刀面如割。马毛带雪汗气蒸，五花连钱旋作冰，幕中草檄砚水凝。"但这与青藏高原、帕米尔地区、阿尔卑斯山区、安第斯山区等高山地区的天气情景相比就是小巫见大巫。那里的山经常会发怒：最温柔的春天还在继续着冬天尚未发完的"脾气"，严寒挟裹着风和雪，冰雪愈积愈厚，不时发生雪崩；最令人惬意的夏秋季节又经常发生山崩、地滑和泥石流……

是啊！山是那样温柔，又是那样威严；是那样爽气，又是那样神秘。山给人类诸多的欢乐和生活必需品，山也制造了灾难和不幸。这一切在人类蒙昧的时代，似乎是那样的不可理喻，那样的神秘莫测。于是，人们产生了无穷的遐想：山岳是神的化身，只有崇拜与敬畏，而容不得一丁点的不恭和失敬。这大约就是古人对山的崇拜和敬畏的起源点，也可能就是原始宗教的产生根源。

名山传说

名山，是神话传说最多的地方，往往留下了或喜、或悲、或怒、或怨的婉美悲切的传说，这些动人的传说不仅使名山充满了灵性，也反映出人们当时生活的社会背景。山能给予人们在社会中难以找到的公道，使理想有了山水寄托而永久流芳，因此，怎能不叫人们对山生发出崇拜和敬畏呢！

"不死"的富士山

很久以前，有位伐竹老人，在山林深处的竹子里发现一个三寸大小的女孩。带回家三个月以后，小女孩出落成一个美丽非凡的大姑娘。姑娘的美貌招来众多青年男子的求婚，但都遭到她冷冰冰的拒绝，最后剩下五名贵族，仍执意要娶她为妻，姑娘以几个难题又把他们都挡了回去。后来连皇帝都知道了，企图强占她，同样遭到拒绝。原来小女孩是天上的仙女，因违反天条被贬下凡界赎罪。第三年的八月十五月圆之夜，她赎罪期满，要重返天宫。在她更换羽衣回月宫前，女孩留给养育她的伐竹老人一包长生不老药。皇帝见仙女远去，便恼羞成怒，命人把药放在离天最近的山顶烧掉。可这包药总是烧不尽，烧药的山顶总是冒着烟。因此，这座被选中烧药的山就被称为"不死山"或"独一无二之山"。日语中"不死"和"不二"与"富士"的发音相同，富士山便由此得名。

在中国，也有许多关于富士山的传说和民间故事，其中最著名的是秦始皇派徐福率童男童女各五百人到富士山寻找长生不老药的故事。在灵山深处，徐福发现一种山雾中生长的名曰"浜梨"的植物，它结出的红色果实具有延年益寿的作用。而此时秦始皇已经去世，于是徐福自己吃掉了所找到的红色果实，并在环境优美的富士山麓定居下来，专事传播中国文化。若干年后徐福死去，变成一只鹤，一直翱翔在富士山上空。后来鹤也死了，落在附近的福源寺内，当地人便在寺内修建了一座"鹤冢"，祭祀它的神灵。这个故事也一直在日本老百姓中广泛流传。

神的家园——奥林匹斯山

希腊是欧洲文化的发源地，而希腊神话又是希腊文化的一个重要组成部分。奥林匹斯山是希腊神话中众神的居住地，所以当之无愧地成为希腊乃至欧洲的圣山。

奥林匹斯山在希腊语中意为"发光"。它海拔2917米，坐落于希腊北部，东面濒临萨洛尼卡湾，与希腊北部名城塞萨洛尼基遥对。奥林匹斯山常年云雾缭绕、高耸入云，一年之中有三分之二的时间积雪覆盖，其最高峰直插云中。山坡上橡树、栗树、山毛榉、梧桐和松林郁郁苍苍，景色十分优美。冬天，白雪皑皑的山峰，在阳光照耀下熠熠生辉；夏天，谷地绿树成荫。每天，当太阳从东方升起，曙光首先照射到这座圣山的顶峰；当太阳下山，银色的月亮从东方升起，辉煌的奥林匹斯山顶峰又洒满了月光。

古希腊神话和文学艺术，都跟奥林匹斯山密切相连。古希腊人认为奥林匹斯山是希腊的中心，而希腊又是地球的中心，那些主宰人类、统治世界的诸神就住在这座山上。据神话传说，宙斯、阿波罗等十二个大神都住

仁者乐山
藏龙卧虎的山文化

众神的家园——奥林匹斯山

奥林匹斯山神之一——阿波罗

在奥林匹斯山上,而为人间盗取火种而受罚的普罗米修斯也被宙斯锁在山上。在这座光辉的奥林匹斯山上,每个大神都拥有自己的宫殿,最富丽堂皇的当然是"众神之王"宙斯的宫殿。在云雾缭绕的奥林匹斯山顶,有一座时光女神把守的云门,当天神到来时,云门就自动打开,欢迎诸神。平时天神们居住在按等级高低划分的各自领地内,当听到"众神之王"宙斯召唤时,就从海里、陆地、地下、天空纷纷赶到宙斯的神殿。众神边饮酒边议论天上和人间诸事。太阳神阿波罗弹起竖琴,为大家助兴,青春女神赫柏为诸神斟酒,九位缪斯(文艺女神)在舞池内翩翩起舞,歌声悦耳,好一个神山仙境!

昆仑神话

昆仑山脉是亚洲中部大山系，也是中国西部山系的主干。

昆仑山，又称昆仑虚、中国第一神山、万祖之山、昆仑或玉山。它不仅是中国土生土长的宗教——道教的发源地，还是中国神话传说的摇篮。

传说昆仑山是众神聚居之地。昆仑山神是西王母，她就住在距格尔木南250千米的"瑶池"，那里湖水清澈，万鸟飞翔，天空湛蓝，湖边草地是藏野驴等珍稀动物的乐园。每年八月初八，西王母便在这里举行蟠桃会，众神欢聚一堂。传说天有九重，能上到九重天者，便是大佛、大神和大圣。西王母、九天玄女都是九重天的大神。昆仑山中的宫阙富丽堂皇，"阆风巅""天墉城""碧玉堂""琼华宫""紫翠丹房""悬圃宫"和"昆仑宫"都是西王母的生活起居之地。

一直以来，中国的文学家、戏曲家和文化学者都对昆仑神话颇为重视，因为这些神话既是他们创作的源泉，又是他们的研究对象。历史学家吕继祥先生指出，在《山海经》中，昆仑是一个有着特殊地位的神话中心，很多古代的神话，如夸父逐日、西王母与三青鸟等故事，都起源于昆仑山。在昆仑神话系统中，西王母的神话传说对后世影响最大。著名历史学家和民俗学家顾颉刚先生认为中国神话(指汉族神话)分两大系统，一是昆仑神话，二是蓬莱神话(也称为仙话)。茅盾先生认为，中国神话可分为北、中、南三个体系，其中昆仑神话是保存最完整、结构最宏伟的一个体系。所以说，昆仑山就是中国的神话发源地，是庄严、雄壮、伟美的"帝下之都"和

嫦娥奔月

"百神之所在"。中国的众多神话故事，如女娲炼石补天、精卫填海、西王母蟠桃盛会、白娘子盗仙草、嫦娥奔月和姜太公修炼五行大道以及《西游记》中的许多故事，都是以昆仑山为背景的。

无论现实的昆仑还是神话中的昆仑，都是一座神圣的大山。《山海经》说："南望昆仑，其光熊熊，其气魄魄。"因此，古人尊昆仑山为"万山之宗""龙脉之祖"或"龙山"。这就使它不仅成为古老神话中的发源地，而且成为中华民族的象征。人们常用"巍巍昆仑"来形容中华民族伟岸不屈的人文性格和博大精深的文化内涵。昆仑山还被看作中华民族的发祥地，过去人们常说"赫赫我祖，来自昆仑"，可见它在国人心目中有着无可替代的神圣地位。

喜马拉雅山

喜马拉雅山脉是世界上海拔最高的山脉，位于亚洲的中国和尼泊尔之间，主峰珠穆朗玛峰海拔高度 8844.43 米。根据藏族传说，喜马拉雅山脉以珠穆朗玛峰为首的五座山峰是仙女五姐妹，称为"长寿五仙女"。传说很

喜马拉雅山一瞥

早以前，喜马拉雅山地区是一望无际的汪洋大海，岸上有无边的森林，林中长满奇花异草，斑马、羚羊、犀牛成群，杜鹃、画眉、百灵欢唱；高处重山叠翠，云雾缭绕，一幅美丽、安详的图景。可是有一天，海里突然出现了一头巨大的五首毒龙，搅起惊涛骇浪，摧毁了树木花草，侵扰着飞禽走兽，使它们灾难临头，无处奔逃。正在飞禽走兽们走投无路之时，大海上空飘来五朵彩云，变成五位仙女，施展法力降服了毒龙，救助了飞禽走兽。正当她们想告辞回归天庭的时候，所有生灵苦苦哀求，请她们长留此地为众生谋利。禁不住飞禽走兽的再三恳求，五位仙女答应留下来护卫它们。接着，五位仙女便喝令大海退去，于是，东边变成茂密的森林，西边是万顷良田，南边是花草茂盛的花园，北边是无边无际的牧场。从此她们便成了喜马拉雅山区的地方神。翠颜仙女是珠穆朗玛峰的主神，她掌管人间的"先知神通"，祥寿仙女掌管福寿，贞慧仙女执掌农田耕作，施仁仙女执掌畜牧生产，冠咏仙女掌管人间财宝。她们姐妹五人，战风雨傲霜雪，亭亭玉立在世界屋脊之巅，俯视人间众生，关心黎民疾苦，万年不辞辛劳，博得人们的尊敬与景仰。

五岳的传说

五岳，是中国五大名山的总称。一般指北岳恒山（位于山西）、西岳华山（位于陕西）、中岳嵩山（位于河南）、东岳泰山（位于山东）和南岳衡山（位于湖南）。

中国的五岳崇拜由来已久，还要从开天辟地的盘古时期说起。传说，在很早很早以前，宇宙混沌、天地初分，有一个叫盘古的人特立独行于天地之间。那时天空每日升高一丈，大地每日增厚一丈，盘古也每日长高一丈。如此日复一日，年复一年，他就这样顶天立地生活着。经过了漫长的一万八千年，天极高，地极厚，盘古也长得极高。他呼吸的气化作了风，他呼出的响声成了雷鸣，他的眼睛一眨一眨，闪出道道蓝光，那便是闪电。他高兴时天空就变得阳光和煦、风和日丽，他生气时天空便电闪雷鸣、雨雪倾盆。过了亿万年，盘古慢慢地衰老了，最后溘然长逝。刹那间巨人倒地，他的头变成了东岳，腹部变成了中岳，左臂化成南岳，右臂成了北岳，两脚一伸成为西岳，眼睛变成了日月，毛发长成为草木，脂膏流淌成江河。

因为有了盘古，天地才豁然分开，所以人称盘古开天辟地，他也成为人类的祖先。东岳是盘古的头所变成，所以，泰山理所当然是至高无上的"天下第一山"。

中国山崇拜

"山无大小，皆有神灵。"（《抱朴子·登陟》）对山的崇拜是人类自然崇拜的必然结果，是人们对山养育人类之功发自内心的敬仰。在山岳崇拜与信仰的原始宗教文化中，"山神"观念是核心，山神也被公认是自然诸神中最有威力的神。《藏经》中记载："五岳之神，分掌世间人物，各有所属。如泰山乃天帝之孙，群灵之府，为五岳祖，主掌人间生死、贵贱修短；衡岳主掌星象分野、水族鱼龙；嵩岳主掌土地山川、牛羊食啖；华岳主掌金银铜铁、飞走蠢动；恒岳主掌江河淮济、四足负荷等事。"这就明明白白说清了五岳在华夏大地的地位，阐明了山在中国人心目中的分量。

泰山崇拜

自盘古开天辟地，天下名山无数，历代帝王和芸芸众生为何独尊泰山呢？这是因为泰山地处东方，形体高大，符合中国人"万物皆相代于东方"的传统观念，使它成为吉祥之山、神灵之宅、万物之所，实为中国神圣之地。

据考古发掘和志书记载，大约在5000年前的母系社会，自然崇拜等原始宗教信仰已在泰山地区形成。东岳大帝又称泰山神，其身世众说纷纭。人们认为泰山神作为泰山的化身，是上天与人间沟通的神圣使者，是历代帝王受命于天、治理天下的保护神。根据古老的阴阳五行学说，泰山位居东方，是太阳升起的地方，也是万物发祥之地，因此泰山神具有主生和主死的首要职能，并由此延伸出几项具体职能：新旧相代，固国安民；延年益寿，长命成仙；福禄官职，贵贱高下；生死之期，鬼魂之统。

秦汉后，泰山神的理念和影响逐渐渗透到社会的各个阶层，进入日常生活之中。于是泰山神作为阴阳交替、万物之始的神灵，在保国安民、太平长寿的基础上引申为可以召人魂魄、统摄鬼魂的冥间之主。随着这种影响的扩大，对它的信仰向四周扩散，在全国各地几乎都建有规模不等的东岳庙，表明了泰山神——东岳大帝在中国传统宗教中的地位及其对社会的影响。

夏、商、周三代之前，古人就在泰山极顶古登封台"燔柴以祀天"，即以燃柴的方式与天神沟通，实现人类与大自然的情感交流。由此演变而来的历代帝王在泰山顶上筑圆台祭天，在山下建方台祭地的"封禅"祭典，就成了泰山独特的历史文化现象。帝王封禅将泰山推到了"与天相齐"的高度。

泰山因其高而被视为连接天地、"直通帝座"的天堂。因此，受天命而为帝王的"天子"必去泰山封禅，这成为帝王掌握权力的象征。据说封禅泰山不是什么时候都能进行的，而必须具备两个条件：一是天下太平，国家兴盛；二是天降"祥瑞"。换句话说，帝王一定是受命于天，且国泰民安时才有资格封禅泰山。国家兴盛说明帝王功高德显，天降"祥瑞"说明上天对帝王的表彰，这时帝王要用一种方式回告上天，就是封禅大典。

据记载，秦代以前有数十位帝王在泰山进行过封禅活动，沿至秦汉，封禅遂成为帝王的旷世大典，至唐宋时代，封禅仪礼臻于完备。封禅大典是泰山独有的古老礼仪，构成了泰山崇拜与信仰的重要内容。由于这种礼仪的执行者是历代帝王，所以格外引人注目，其影响更为深远，形成贯穿于原始社会和封建社会延绵相续的礼仪传统。

泰山封禅已不再是简单的山川崇拜，而是包含着对泰山神灵的极端崇拜和有着宏大政治背景的文化内涵。古代许多帝王都在泰山进行过封禅活动，秦始皇、秦二世、汉武帝、汉章帝、汉安帝、唐高宗、武则天、唐玄宗、宋真宗、（清）康熙帝、乾隆帝等帝王都曾到过泰山。成书于春秋战国时期的《山海经》记载的451座山岳中，都有不同形式和规格的祭祀活动。《史记·封禅书》引《礼记·周官》的话说："天子祭天下名山大川：五岳视三公，四渎视诸侯，诸侯祭名山大川在其地者。"这些祭祀活动也促进了山水的开发和建设。除了封禅祭祀外，古代帝王多爱好山水，以至于不少山

西安阿房宫壁画——泰山封禅

水名胜因帝王而得以扬名,从而在名山大川中烙下时代变迁的印痕和历史的印迹。难怪郭沫若先生说:"泰山文化是中华文化的缩影。"

我国少数民族的山崇拜

我国是一个多民族国家,少数民族文化是中华传统文化的重要组成部分。在我国少数民族的自然崇拜中,山崇拜占据着十分重要的位置,祭祀活动往往比较隆重。少数民族分布区域、文化背景、宗教信仰等方面的差异,又使各民族的山崇拜表现出各自的特点。我国少数民族的山崇拜可归结为几种方式:神祇崇拜、祖先崇拜和英雄崇拜。在此简述一二。

神祇崇拜

神祇崇拜是少数民族山崇拜最重要和最常见的一种方式。在居住于山区的少数民族同胞看来,山具有神奇的力量,是神的化身;大山有大山神,小山有小山神。这些山神掌控着猎获多寡、谷物丰歉甚至人畜安危,所以备受崇敬。

对藏族同胞来说,藏区的山神有善恶之分,有的山神所掌管的山脉坐落在气候温和的地方，山下沃野千里，人们靠山神的庇佑获得狩猎和畜牧的丰收。这类山神是善神，受到牧人的敬仰。有的山神所掌管的山脉坐落在气候寒冷的地方，大山荒芜瘠薄。这里的山神很孤独，脾气暴躁，最容易被触怒，一不称心就狂风大作，电闪雷鸣，降下冰雹来。这类山神是恶神，为人们所畏惧。由于山神具有既能降福又能降灾的两重性，牧人不得不敬畏他，恳求他，臣服于他。在藏区最著名的山神有四个：雅拉香波、库拉卡日、诺吉康拉和念青唐拉。

朝拜神山是信仰藏传佛教的少数民族对自然崇拜的具体体现。他们认为，绕神山可以洗清一生罪孽，可以在生死轮回中免遭坠入地狱之苦，如在转山中死去，被认为是一种造化。因此，转绕神山的朝圣者总是年年不断，世代相传。在朝拜神山时，绝大多数都是绕山行走，但也有少数无比虔诚者会五体投地对神山叩拜。他们双手套着木板高举过头，再收于胸前，然后全身扑倒，直伸双臂，前额触地，起身后前进一大步再拜，绕山一周要几十天或更长。藏族对山神的信仰，虽产生于远古的自然崇拜，但到了近代，牧人对山神仍有发自内心的惶感。在青藏高原，几个牧人走在崎岖的山路上或是险峻的峭壁间，都提心吊胆，不敢咳嗽，不敢吹口哨，不敢高声喧哗，更不敢让石块滚入峡谷，唯恐稍有不慎会招来狂风骤雨或山体滑坡之祸。

哈尼族认为，世间的风雨、人类、庄稼、牲畜和山中的飞禽走兽均由山神主宰，人若敬奉他，他就会降福于世，使天下太平，五谷丰登；人若失敬他，他就会降灾祸于凡间，使天下大乱，鸡犬不宁。因此，他们以村为单位或数村一起，在居住区域内选择一座最高大的山，于每年农历六月前祭祀山神，祈求山神保佑庄稼丰收、牲畜兴旺、村寨安康。哈尼族人出猎前，要鸣放火药枪举行祭山仪式，祈求山神放出野物保佑猎获。猎获回归时，又要做祭一次，表示对山神的谢意。云南红河县最险峻的阿姆山，被周围几千户哈尼人尊称为"米最"，即"山大王"之意。

蒙古族也有祭神山的传统，在《蒙古秘史》中就记载着对北方名山不而罕·哈勒敦山朝日祭拜的历史。蒙古人供奉的神圣之山尊称作"海尔罕"。

满族崇拜的山神则是长白山神。他们早在先民女真人时代就祀奉长白山神，女真金王朝和后来的满族皇朝都曾册封过长白山神，并于春秋两季

举行隆重望祭。

布依族则有传统信仰节日三月三的祭山活动——以村寨为单位的祭山神仪式。各户男家主聚于寨中庙里，宰杀猪鸡，拈香祭酒，摆设供品，由祭司布摩主祭。祝词中称山神为"山王菩萨"，祈求五谷丰登，人畜平安，驱除邪恶；祭山当日禁外人入寨。贵州扁担山是布依族信仰的圣地神山，认为此山是一条吉祥神龙。

祖先崇拜

生活在阿佤山区的佤族崇拜山，其中最受崇拜的是公明山和焦山。根据创世神话《兄妹神》所载，人从司岗（沧源佤族意为葫芦，西盟佤族意为石洞）出来以后，不会种地，而野果、野兽又不够吃，只好吃土。于是人们去找莫伟（佤族神话中各种大神的统称）讨要谷种。莫伟说谷种在海水底下，要最勇敢最有智慧的人才能取到。鹿埃姆和鹿埃松兄妹俩自告奋勇沉入海底，战胜了守护谷种的龙王兵将，把谷种取了回来。兄妹俩死后分别变成了阿佤山的南北两座大山。哥哥鹿埃姆即为现在缅甸境内的公明山，妹妹鹿埃松即为沧源班洪的焦山。佤族人世世代代用公牛、公猪或公鸡祭祀公明山，用母牛、母猪或母鸡祭献焦山。

海南黎族崇拜黎母山。早在唐代史志典籍中就认为，黎族的"黎"就是"山岭"脱俗而来。《太平寰宇记》和《广东通志》中也都记述海南"俗呼山岭为黎"。传说雷公在山中划破一蛇卵生一女，为黎族之始祖，从此人们便把这座山称为黎母山。黎族还崇拜五指山神，他们认为五指山是远古创世的大力神，唯恐天塌，撑开巨手擎住苍天，于是五指化为山岳。

梅山神是土家族信奉的猎神，猎人出猎前都要先祭祀她。传说，古时候有一名叫梅嫦的女子，上山打柴，遇到老虎。她在同老虎的搏斗中，衣服被撕破，浑身受伤，但仍拼命打死老虎，为民除害。后来人们奉她为山神，世代祭祀。

英雄崇拜

对山岳的英雄崇拜最有名的是高山族的山崇拜，这源自一个悲壮的故事。

康熙六十一年（1722年），吴凤出任阿里山通事，对高山族做了许多感化工作，使高汉两族的交往日渐频繁。但有一事，始终是吴凤的一块心病。原来，高山族同胞每逢稻谷收获季节，必定要举行"粟祭"仪式。在这个仪式中有一个传统的恐怖陋习：高山族人要下山杀获一位异族（汉族）人，此谓"出草"。然后把"出草"猎取的头颅作为"粟祭"的祭品摆上供桌，祭拜山神以保一年平安，岁岁丰收。

酋长听吴凤之劝，用康熙六十年平定朱一贵之乱时，砍杀附逆造反者的四十多个骷髅作祭品，一年用一个，停止"出草"四十余年。积存骷髅用完了，山民纷纷找酋长要求恢复"出草"，摆出一副非"出草"不可的阵势。吴凤翌日召集了山民聚会，严肃而沉痛地说："我任职四十多年，不曾有一事亏待你们，须知杀人犯法，况且杀了好人祭神，神不但不保佑，反而会发怒而降下灾难。如今，我既然和你们有约在先，就只准你们杀一人。此人明日将着红衣，头扎英雄巾，骑白马从此经过。今后，不准再伤害其他人。"代表们听了欢呼而去。

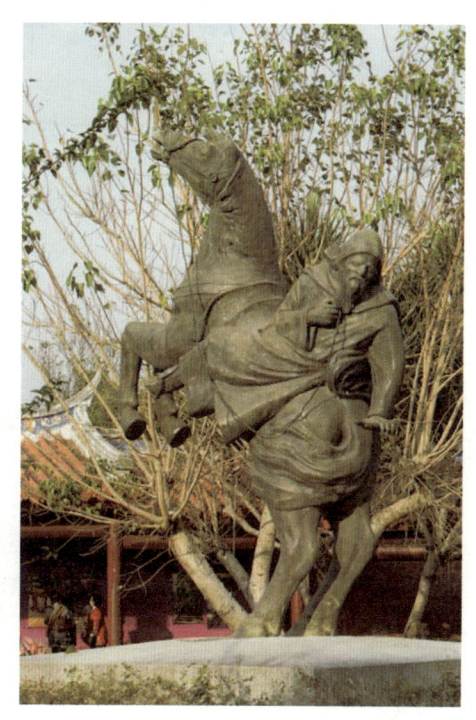

阿里山山神吴凤

第二天早晨，到了约定时间，果真有穿红衣骑马的人蒙面而来，高山族人就把他射杀了。山民一拥而上，发现被射杀的人竟是吴凤！大家极其悲痛，从此根绝杀人祭祀之风，树碑立庙纪念，并尊吴凤为阿里山山神，岁岁顶礼膜拜。

山区各族人民禁伐林木的民风民俗孕育出了"神林"文化，这种"神林"文化是彝族、白族、哈尼族、傣族、苗族、水族、瑶族等许多少数民族文化的重要组成部分。这种树林常被称为"密枝林""祭龙林""神林""垄林""竜林""龙树林"等。在不同民族的文化中，"神林"有不同的意义，大多与他们的原始崇拜和祖先祭祀有关，主要有三种含义：一是原始崇拜中的护寨神；二是掌管风调雨顺的神灵或神龙所在地或化身；三是安葬祖先的地方。许多自古就有的"神林"至今仍保持着原始的生态状况，发挥了保护区域生态环境的作用。

高原圣湖——羊卓雍错（倪集众 提供）

山与儒、释、道

前面已经多处讲到山与宗教有着十分密切的联系，人们要么建寺兴庙于深山幽谷之中，要么讲经游学于闹市山野之间。本节则着重分析儒、释、道对山的态度，探讨他们的思想对山文化的贡献，试图找出传统宗教文化中的山文化渊源。

仁者乐山——山与儒

儒家学说亦称儒学或儒教，是春秋时期与道家、墨家、法家和阴阳家合称的诸子百家之一。儒家的代表人物有孔子、颜子、曾子、子思、孟子和荀子，他们的经典著作是"六经"，即《诗经》《尚书》《仪礼》《乐经》《周易》和《春秋》。

山与儒学的关系,首先就体现在儒家的思想观念已深深地影响着中国人的山水观。孔子"仁者乐山,智者乐水"的山水观,借山的稳固和厚重比喻仁者的沉静和仁厚,以水的周流无滞比喻智者的缘理而行。这样的比喻就要求君子仁人应效法和崇拜山和水所蕴含的美德,以山水的胸怀来欣赏大自然。可以看出儒家所提倡的理念:山之美反映于人心,有助于人性和道德的感化。孔子比德的山水审美观为后世的山水审美奠定了哲学基础。因此,后人认为山水影响着人的素质,陶冶人的性灵、道德。《世说新语·言语》中王武子说"其地坦而平,其水淡而清,其人廉且贞",孙子荆说"其山嶵巍以嵯峨,其水㳌漅而扬波,其人磊砢而英多",认为居住在地势平坦而水清之处的人往往廉洁而忠贞,而居于山高水急之处的人则有一股不平的英气。《抑庵文集》中所提到的"山川之秀钟于人,此聪明才俊之所由出也"也说明了同样的道理。

　　在儒家对山的态度的主导下,山林自然成为他们亲近的对象,于是流传着许许多多关于隐居山林或退居山林办学的故事。这是儒学与山关系的第二种表现。

　　古人自接受启蒙教育伊始,便接触到孔孟思想。儒家理论中的"达则兼济天下,穷则独善其身"在古代读书人心目中深深地埋下了亲近山林的

白鹿洞书院

白鹿洞洞口

"种子"：他们"独善其身"的方式则多选择在山林中隐居生活。宋代著名政治家王安石就是一个典型代表。另外，山林的幽深、僻静是儒家建立书院、收纳弟子、传授性理之学的理想之地。因而在我国许多知名或不知名的山林里，保存着数量众多的古代书院遗迹。"天下四大书院"（白鹿洞书院、嵩阳书院、岳麓书院和应天书院）中的白鹿洞书院享有"天下第一书院"的美称。它位于庐山五老峰南十数千米处，傍山而建，几座楼阁庭园尽在参天古木的掩映之中。书院的创始人可以追溯到唐朝的李渤，关于他与白鹿洞书院的来历还有一段美丽的传说。相传五老峰巅的一只神鹿因李渤日夜攻读的刻苦精神而感动，飞下云际陪伴他读书，还主动为他购买纸墨笔砚。李渤功成名就后当了江州刺史，再来洞中寻找白鹿而不遇，遂将当年读书的山洞改名为白鹿洞，白鹿洞书院由此得名。

朱熹是宋代的儒学大家，为了以书院补救官学的不足，与佛教争夺政治、思想和学术、文化上的领导地位，以书院振兴儒学，恳求宋孝宗重建白鹿洞书院。朱熹为之制定了洞规，明确提出他的教育方针和培养目标，体现了朱熹以"格物、致知、诚意、正心、修身、齐家、治国、平天下"为基础的教育思想，为南宋以后的中国封建社会七百年书院树立了办学样式，展示了儒家理学思想指导下的深厚文化底蕴和艺术魅力。

天下名山僧占多——山与佛

　　佛教所提倡的慈悲为怀精神与中国儒家的"仁"学思想均体现了尊重一切生命的博爱精神，已成为中华民族文化的一个组成部分。佛教崇尚山林，这与山岳在佛教教义中神圣而崇高的地位密切相关，也与佛教所主张的清静思索才能达到禅定境界的避世苦行思想有关。这些教义和思想都出自佛教所采用的印度神话（如以须弥山为宇宙世界的中心），以及佛祖释迦牟尼在树林中六年的单修苦行，并在菩提树下静坐思索而涅槃成正果的经历。山林幽深的环境是佛教信徒修身养性、参悟佛理的最佳场所，他们把名山胜境作为超脱尘俗的"佛国仙山"。可以想象，信徒们迈着艰难的步伐上山，走进古树掩映、云雾缭绕中的寺院，佛的庄严和神秘感觉扑面而来，更平添了几分肃穆之感，心中自然浮现一种沉甸甸的对佛的虔诚。对久居清幽寂静山林中的僧侣们来说，环境促进了清心寡欲，"离天三尺三"的地势似乎也有助于升天成佛的成功，这是一个多么好的去处，何乐而不为呢！这就是"天下名山僧占多"的道理所在。我国的佛教名山竟达两百多处，有佛教寺院的"默默无闻"的山就更是不计其数。在这"山以佛扬名，佛以山远播"的往复循环之中，五台山、峨眉山、普陀山、九华山……佛教名山脱颖而出，既促进了佛教的传播，又提高了山川自然美景的知名度，还为后人留下了建筑、雕塑、绘画、书法等艺术珍品。

洞天福地——山与道

　　道教是中国土生土长的传统宗教，以"神仙不死"之说为中心。道教以先秦道家哲学思想为基础，后吸收阴阳五行思想和神仙思想演变为黄老道。东汉张陵以《老子五千文》为主要经典，奉老子为教祖，创立了道教。道教是诸多宗教中最重现实生命的宗教，它以"重道贵生"为特征，认为生活在世上是一件乐事，死亡才是最痛苦的。重生、乐生，经过修炼可以成为长生不老的神仙，是道教教义的基本点。也就是说，人的最高理想应该是长生不死。那些传说中的神仙就居住在十洲三岛和洞天福地。十洲三岛在四海之中，洞天福地在陆地上，譬如十大洞天、三十六洞天、七十二福地等。因此，道

教就选择名山的"福地"建造宫观，以体现自己崇尚自然、追求超凡脱俗的思想。幽静的自然山水与宏伟的道观和谐组合，形成了道教名山。相传我国最早的道观是陕西省周至县群峰叠翠的终南山麓的楼台观，那里素有"天下第一福地"之称。

　　道教曾对中国古代社会的政治制度、学术思想、宗教信仰、文学艺术、医药科技等的发展起到过重要的作用。虽然它所宣扬的"修道成仙""立地成仙"的愿望在现实生活之中是不存在的，但他们所提倡的尊崇自然、返璞归真，积极传播"天人合一"的思想，以及把道教文化与自然山水糅合在一起的做法，对中国山文化的发展起到了积极的作用。

中华名山精粹

我国的名山遍布祖国大地东南西北，它们不仅山形上千姿百态、雄奇灵秀、各具特色，更承载着中华民族几千年的文化，是中华民族的宝贵财富和历史文化遗产。

五 岳

"五岳归来不看山",中国名山首推五岳。五岳各占一方,以中原为中心,按东、西、南、北、中方位命名,成为古人的地域标志。自古以来,五岳就以"东岳泰山之雄,西岳华山之险,北岳恒山之幽,中岳嵩山之峻,南岳衡山之秀"而闻名于世。

中国古代,认为高山"峻极于天",对其加以崇拜,即称"岳"。对山封"岳",最早可追溯到5000年前的黄帝时期,至唐虞三代,封有"四岳"。春秋战国时期,随"五行"之说兴盛,"五岳"也应运而生,故有"唐虞四岳,至周始有五岳"。然而,自汉之前,由于各代疆域限制,五岳之制因势而异,各有不同。至汉武帝时,五岳制度才正式创立。后汉宣帝正式颁发诏书,确定以泰山为东岳,华山为西岳,霍山(即天柱山,今安徽省境内)为南岳,大茂山(今河北省曲阳县)为北岳,嵩山为中岳。后隋文帝杨坚诏定湖南湘江之滨的衡山为南岳,废霍山为名山。后来,金、元、明、清诸代均建都于北京,曲阳大茂山在京城之南,与北岳名称不符。所以,明代称山西浑源恒山为北岳,至清代顺治朝正式移祀北岳于浑源。

因此,五岳不仅自然景观风格各异,令人陶醉,更以其厚重的文化积淀而声名显赫。五岳文化本身就是远古山神崇拜、五行观念和帝王封禅相结合的产物,彰显了中华民族文化的博大厚重。《史记·封禅书》中记载,禹五年一次巡狩五岳,从中岳出发,走东、南、西、北四岳刚好用时一年来巡视自己的领土。古代帝王由五岳的方位联想到他们的统治是由中央向四方无限延伸,因而带来自豪感和征服欲的满足。由此巡视五岳成为一种象征,在后世被固定下来;在一统天下之后,帝王都会巡视五岳。所以,五岳不仅是封建帝王封禅祭祀的地方,更是封建帝王受命于天、定鼎中原的象征。自汉武帝始,各代帝王又不断对五岳追加封号,唐玄宗曾封五岳为"王",宋真宗封五岳为"帝",明太祖则封五岳为"神"。由于其在中华民族心中的高大形象,五岳也成为各种宗教活动的理想之所。自魏晋南北朝以来，五岳就成为佛教和道教的必争之地，成为我国著名的宗教圣地。所以，大量历代帝王祭祀封禅的岳庙，佛教和道教修建的佛院和道观，更增添了五岳的威严与神秘。

自然景观与人文景观的有机融合，再加上历朝历代文人骚客们留下的大量墨迹和颂扬诗文的"炒作"，造就了独具特色的中国五岳文化。

五岳独尊——泰山

泰山又称岱山、岱宗、岱岳、泰岳等，位于山东省中部，绵亘于泰安、历城、济南、长清之间，前邻孔子故里曲阜，背依泉城济南，起伏绵延200多千米，在五岳中因地处东部，而称东岳。虽然泰山的实际高度只位居五岳第三位，但因凌驾于辽阔无垠的平原丘陵之上，显示出"擎天捧日之姿，拔地通天之势"，所以古人为其命名为"泰山"。"泰"寓意极大、通畅、安宁，泰山从而被视为是社稷稳定、政权巩固、国家昌盛、民族团结的象征，故有"泰山安，四海皆安""国泰民安"之说。因而有"泰山北斗""人固有一死，或重于泰山，或轻于鸿毛""登泰山而小天下""会当凌

"五岳独尊"崖刻

仁者乐山 藏龙卧虎的山文化

绝顶，一览众山小""天高不可及，于泰山上立封禅而祭之，冀近神灵也"的赞叹。"五岳之首""天下第一山""五岳独尊"，泰山当之无愧。

泰山形成于太古代，由来自西南和东北方向的挤压力而褶皱隆起，后由于地壳变动被多组断裂分割而形成断块山。在漫长的地质年代中，许多山峰都被侵蚀化为平地，而由坚硬的花岗岩、片麻岩组成的泰山，却仍巍然屹立在大地上，以至于人们常用"稳如泰山"来形容其气势不可动摇。

泰山是我国古老变质岩系出露的标准地区之一。泰山岩群是华北地区最古老的地层单元之一，不仅地层剖面出露齐全，而且保存了丰富的地壳运动遗迹，记录了自太古代以来近30亿年漫长而复杂的演化历史。因此，泰山具有非常重要的地质科学研究价值，是探索地球早期历史奥秘的天然实验室，是著名的世界地质公园。

泰山拔起于齐鲁丘陵之上，主峰突兀，山势险峻，峰峦层叠，形成"一览众山小"和"群峰拱岱"的高旷气势。泰山多松柏，更显其庄严、巍峨、葱郁；又多溪泉，故而不乏灵秀与缠绵。缥缈变幻的云雾则为它平添了几分神秘与深奥。它既有秀丽的麓区、静谧的幽区、开阔的旷区，又有虚幻的妙区、深邃的奥区，还有旭日东升、云海玉盘、晚霞夕照、黄河金带等十大自然奇观及石坞松涛、对松绝奇、桃园精舍、灵岩胜景等十大自然景观，宛若一幅天然的山水画卷。泰山佛光是岱顶奇观之一，也是泰山的重要标志。

泰山不仅是佛、道两教兴盛之地，更是历代帝王封禅祭天的神山。帝王封禅使泰山被神化，因而又享有"五岳之长"的称号。历代帝王所到之处，建庙塑像，刻石题

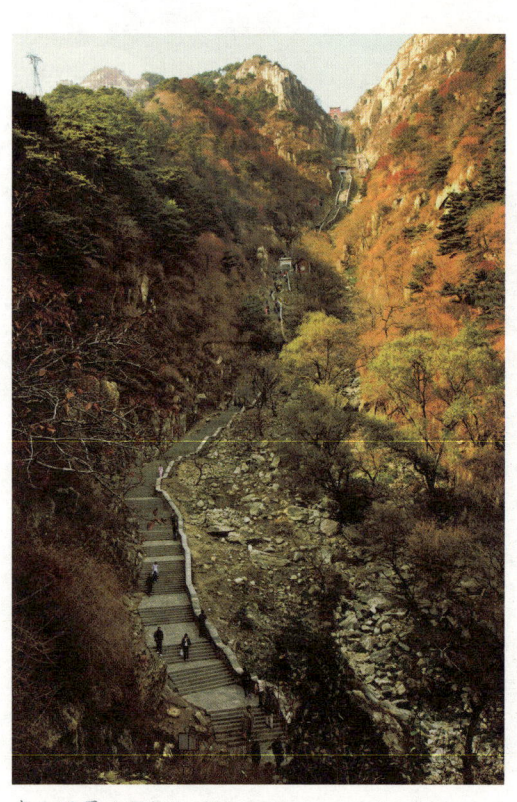

泰山风景（麻少玉 摄）

泰山石刻

字。古代的文人雅士更对泰山仰慕备至，纷纷前来游历，作诗记文，留下了数不清的名胜古迹、摩崖碑碣，使泰山成了世界少有的历史文化游览圣地。

泰山既是"天然山岳公园"，又是"东方历史文化缩影"。考古发现，自约5万年前始，泰山周围地区就出现了人类活动的踪迹，从新泰人化石遗存和沂源人化石遗存，到泰山南麓的大汶口文化、北麓的龙山文化遗存，再到战国时期沿泰山山脉直达黄海边修筑的长约500千米的长城，都表明泰山地区是中华民族悠久文明的重要发祥地。

1982年，泰山被国务院列为第一批国家重点风景名胜区；1987年，又被联合国教科文组织列为世界自然与文化遗产，是融自然与文化遗产为一体的世界名山，并成为我国首个自然文化双遗产。

奇险天下第一山——华山

华山，亦称太华山，为五岳中的西岳，位于陕西省华阴市境内。北临坦荡的渭河平原和咆哮的黄河，南依秦岭，扼大西北进出中原之门户，是

仁者乐山
藏龙卧虎的山文化

自古华山一条路

秦岭支脉分水脊北侧的一座花岗岩山。华山之险居五岳之首，被誉为"奇险天下第一山"。华山名字的来源说法很多，因为古时候"华"与"花"通用，所以一般认为，华山是由其山峰像一朵莲而得名，《水经注》称其"远而望之若花状"。早在秦以前，就有"尧四巡华山"，周武王、成王、恒王等巡狩华山的记载。据清代著名学者章太炎先生考证，华山是中华民族文化的发祥地之一，"中华""华夏"皆因华山而得名。

华山山体由一块硕大的花岗岩体构成，是断层构造产生的挤压作用使部分岩体相对上升而形成的断块山，近直立的断层面即形成了陡峭的绝壁。正如《山海经》所载："太华之山，削成而四方，其高五千仞，其广十里。"

华山山势陡峭，壁立千仞，群峰挺秀，自古以险峻称雄于世，故有"华山天下险""自古华山一条路"之说。华山有东、南、西、北、中五峰，分别为东峰"朝阳"、南峰"落雁"、西峰"莲花"、北峰"云台"、中峰"玉女"。其中东、南、西三峰为主峰，人称"天外三峰"。三主峰拔地而起，如刀削斧劈，鼎峙于云端，既有"势飞白云外，影倒黄河里"之雄，又有"谁将依天剑，削出倚天峰"之险。

东峰海拔2096.2米，峰顶有一平台，居高临险，视野开阔，是观日出的理想之地，称朝阳台，故东峰也被称为朝阳峰。峰顶巨松遍布，环境清幽，穿行于林间，浓荫蔽日，如伞如盖，松涛阵阵，如吟如咏，令人心旷神怡，超然物外。

南峰海拔2154.9米，为华山最高峰，也是五岳中的最高峰，因此被尊为"华山元首"。传说中回归大雁常在这里落下歇息，故名落雁峰。唐代诗人李白登上南峰感叹道:"此山最高,呼吸之气想通天帝座矣,恨不携谢朓惊人句来搔首问青天耳。"宋代名相寇准则写下了"只有天在上,更无山与齐。举头红日近,俯首白云低"的脍炙人口的诗句。

西峰海拔2082.6米,因峰巅有巨石形似莲花瓣,故称其为莲花峰、芙蓉峰。徐霞客描述其为"峰上石耸起,有石片覆其上,如荷花"。西峰为一块完整巨石,浑然天成。西北绝崖千丈,似刀削锯截,其陡峭巍峨、阳刚挺拔之势是华山山形之代表。西峰南崖有山脊与南峰相连,脊长300余米,石色苍黛,形态好像一条屈缩的巨龙,人称为屈岭,也称小苍龙岭,是华山著名的险道之一。

北峰海拔1614米,四面悬绝,上冠景云,下通地脉,巍然独秀,有若云台,因此又名云台峰。诗仙李白曾写道:"三峰却立如欲摧,翠崖丹谷高掌开。白帝金精运元气,石作莲花云作台。"

中峰海拔2037.8米,居东、西、南三峰中央,是依附在东峰西侧的一座小峰,古时曾把它算作东峰的一部分。峰上林木葱茏,环境清幽,奇花异草多不知数,游人穿行其中,香浥襟袖。峰头有道舍名玉女祠,传说是春秋时秦穆公女弄玉的修身之地,故又被称为玉女峰。

华山还是我国著名的道教圣地——"第四洞天",山上现存72个半悬洞,道观20余座。其中玉泉院、东道院、镇岳宫被列为全国重点道教宫观。

华山道教圣地

中华名山精粹

五岳独秀——衡山

衡山地处湖南省。衡山山脉南起"雁阵惊寒，声断衡阳之浦"的衡阳回雁峰（南岳衡山首峰），北止"停车坐爱枫林晚，霜叶红于二月花"的长沙岳麓山（南岳衡山尾峰），由巍然耸立的七十二座山峰组成，主峰坐落于湖南省衡阳市境内。由于气候条件较其他四岳为好，处处茂林修竹，终年翠绿；奇花异草，四时飘香，自然景色十分秀丽，因而又有"南岳独秀"的美称。清人魏源《衡岳吟》中写道："恒山如行，岱山如坐，华山如立，嵩山如卧，惟有南岳独如飞。"这个"飞"字十分形象生动地概括了衡山的气质神韵。作为我国五岳名山之一，南岳衡山素以"五岳独秀""宗教圣地""文明奥区""中华寿岳"著称于世。

南岳衡山是丘陵盆地中的一座孤山，山体连绵起伏，是以花岗岩断块组成的峰林状垒形中山地貌；最低海拔 80 米，最高海拔即主峰祝融峰达 1300.2 米。

衡山有七十二峰、十洞、十五岩、三十八泉、二十五溪、九池、九潭、九

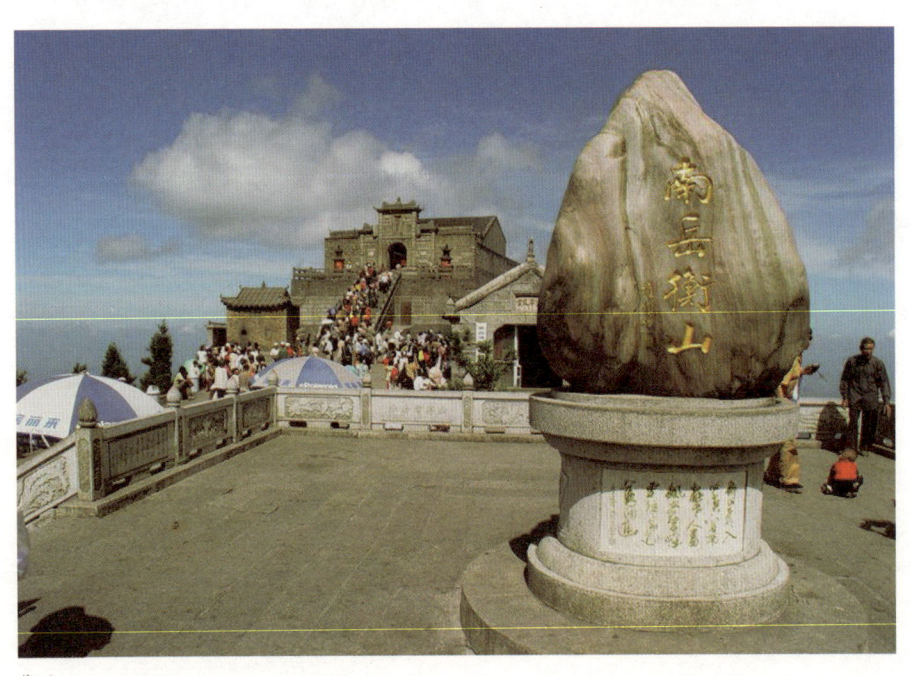

衡山

井、八绝等胜景。南岳的胜景概括为"南岳四绝",即"祝融峰之高,藏经殿之秀,方广寺之深,水帘洞之奇"。南岳之秀,在于无山不绿,无坡不树,连绵飘逸的山势和满眼茂密的森林,四季常青。衡山现有各种植物1700多种,其中许多是奇珍异宝,如东晋的银杏,明代的古松,世界罕见的绒毛皂荚,奇异的摇钱树、连理枝、同根生、金钱松等。南岳衡山历史文化底蕴深厚,中国古代的帝王们都与南岳有着密切的联系:炎、黄、尧、舜、禹都在南岳留有足迹。南岳还是中国五岳之寿山,人们常说的"寿比南山"就因衡山而来。《星经》载:南岳衡山对应星宿二十八宿之轸星,轸星主管人间苍生寿命,故南岳有"寿岳"之称。

冬日衡山

人天北柱——恒山

北岳恒山,亦名太恒山,曾名常山、恒宗、元岳或紫岳。恒山山脉横跨山西、河北两省,祖于阴山,横跨塞外,东连太行山,西衔雁门关,南障三晋,北瞰云、代二州,由东北向西南绵延五百里,锦绣一百零八峰;主峰天峰岭在浑源县城南,海拔2016.1米。峰峦起伏,横亘塞上,气势壮观,恒山主峰天峰岭和其西面的翠屏峰对峙,浑水从中奔腾而下,峡幽谷深,石夹青天,形成扼关带水的绝塞天险;倒马关、紫荆关、平型关、雁门关、宁武关虎踞为险,是塞外高原通向冀中平原之咽喉要冲,自古是兵家必争之地。因此号称"人天北柱""绝塞名山""天下第二山""北国万山宗主"。

恒山是由有5亿多年历史的寒武系、奥陶系石灰岩构成的断层山,自然风貌千姿百态,峰峦多成尖形。天峰岭阴坡尤为突出,酷似积木构垒而成的山峰,相对落差达千米以上,举目仰望,岩层、峰峦等景色美不胜收。

恒山集"奇、雄、幽、奥"为一体,素以"奇"而著称。苍松翠柏、庙观楼阁、奇花异草、怪石幽洞,构成著名的恒山十八景。恒山上文物古迹星罗棋布。早在西汉初年,恒山就建有寺庙。现在飞石窟内的主庙,始建于北魏,又经过唐、金、元代重修。明、清时恒山已经寺庙成群,规模宏大,人称"三寺四祠九亭阁,七宫八洞十五庙"。由于恒山山耸风大,气候变化剧烈,故建筑多依悬崖峭壁而建,或开石凿岩而成,形成了独特的悬、奇、险、隐的建筑风格。恒山悬空寺号称第一奇观。它位于北岳恒山脚下,始建于北魏后期。整个建筑置于金龙峡翠屏峰的悬崖峭壁间,面对恒山,背倚悬崖,上载危岩,下临深谷,凌空危挂,悬于绝壁,距地面最高处达90多米。悬空寺选址定位之奇特,设计理念之新奇,布局结构之新颖,堪称古代建筑艺术史上的一朵奇葩。其"奇、悬、巧"的建筑特色和佛、道、儒"三教合一"的宗教特色在东方独树一帜,蜚声中外,被誉为"世界一绝",堪称"东方瑰宝"。

恒山是历史悠久的文化名山,备受中国历代帝王推崇。据史书记载,早在4000多年前舜帝北巡时,遥望恒山奇峰耸立,山势巍峨,遂叩封为北岳,为北国万山之宗主。尔后,大禹治水时有"河之北属恒山"的记载。秦始皇时,朝封天下十二名山,恒山被推崇为天下第二山。之后汉武帝首

恒山悬空寺

封恒山为"神",唐玄宗、宋真宗封北岳为"王"、为"帝",明太祖又尊北岳为"神"。历史上共有十八位帝王亲临北岳祭拜。

万山之祖——嵩山

嵩山历史上也被称作外方、嵩高、崇山、岳山、嵩岳、嵩陵、嵩室、嵩少或嵩丘等。五岳中嵩山地处中部,故称中岳,耸立于河南省中部,东望河南省省会郑州,西邻九朝古都洛阳,南横颍水,北依黄河。"嵩山如卧",整个山脉东西横卧,雄峙中原,绵延近百千米。嵩山虽不如东岳泰山之雄伟、西岳华山之险峻、南岳衡山之秀丽、北岳恒山之奇崛,然而,"山不在高,有仙则名",嵩山荟两间之秀,居四方之中,以其诱人的山川风貌、灿烂的文化遗存、独特的历史演变以及"天然的历史博物",享有"中华民族的文化圣山""中华民族的父亲山""东方的奥林匹斯圣山"等盛誉,被称作"五岳之尊""万山之祖"。

嵩山地区清晰地保存着发生在距今23亿年(命名为嵩阳运动)、18.5亿年(命名为中岳运动)和5.7亿年(命名为少林运动)三次前寒武纪全球性地壳运动形成的沉积间断和地层角度不整合界面遗迹。中岳运动奠定

中岳嵩山

了嵩山构造地质体的雏形。燕山运动的构造格局造成了现今嵩山的地貌原形。喜马拉雅运动使嵩山在不断隆升中经受剥蚀，形成隆、陷、褶、断等地壳表面构造类型与环、线、块相间排列的构造格局，成为地壳构造演化的一个缩影，是研究前寒武系沉积建造受运动影响挤压变形、褶皱造山、剥蚀夷平等过程乃至地壳演化规律的天然实验场，是探索地球科学知识的宝库。奇特的地质构造，使嵩山地区蕴藏了丰富的煤、铝、铁、麦饭石等矿产资源。嵩山古生物化石也十分丰富，既有海相生物化石，也有陆相生物化石和古脊椎动物化石，它们都是研究区域地质和古生物演化的宝贵资料。

嵩山在大地构造上处于华北古陆南缘，连续完整地出露太古代、元古代、古生代、中生代和新生代五个地质历史时期的地层；地层层序清楚，构造形迹典型，被地质界称为"五代同堂"，成为一部完整的地球历史石头书。因其独特的地质构造和珍稀的地质遗迹，嵩山成为世界上稀有的自然地质宝库，历来为国内外学者所重视。那里最古老的岩石有36亿年历史，堪称地球上的老寿星，无愧于"万山之祖""天然地质博物馆""地学百科全书"的赞誉。联合国教科文组织地质公园专家组唯一的中国专家赵逊先生这样赞美嵩山："嵩山与美国的黄石公园、加拿大的苏必利尔湖、俄罗斯的卡拉半岛等相比，科学价值在其之上。"

嵩山古老神奇，世称"嵩山天下奥"。早在2800多年前，《诗经》就对嵩山作了"崧高维岳，骏极于天"的描

天下第一名刹少林寺

嵩阳书院

述。嵩山群峰挺拔，气势磅礴，景象万千；由峰、谷、涧、瀑、泉、林构成的中岳"八景"和"十二胜"，或雄壮魁伟、秀逸诱人，或飞瀑腾空、层峦叠嶂、多彩多姿。山中更是寺庙遍布，古塔争萃，碑刻林立。这里有我国最古老的佛教砖塔——北魏嵩岳寺塔、我国最古老的佛教寺院之一——法王寺、宋代四大书院之一——嵩阳书院、我国第一座尼僧寺院——永泰寺以及嵩山碑王——大唐嵩阳观纪圣德感应之颂碑等。

嵩山在中国文化史上有不可取代的地位，在这里能领略到中华民族几千年的历史进程。嵩山分布有距今9000～7000年的裴李岗文化和4500～4000年的龙山文化遗迹。传说人文始祖黄帝就诞生于嵩山余脉凤后岭下的轩辕丘。唐尧、虞舜也在嵩山地区留下了箕山、颍水、洗耳泉、饮牛坑、许由冢等文化遗存。距今4000～3000年前，嵩山地区是夏、商、周三代立国的中心。禹都阳城；启都阳翟、斟寻；汤都西亳以及商都郑州、东都洛邑都环嵩山而立。周武王在太室山祭天，是中国历史上第一次有文字记载的封禅活动。此后，汉武帝、北魏孝文帝、唐高宗、女皇武则天、乾隆皇帝等历代帝王相继游历嵩山，留下了许多传世佳话。

嵩山是中国天文学的摇篮。周武王后，周公在嵩山地区开展了中国历史上第一次大规模的天文测量。唐开元十二年（公元724年）著名天文学家僧一行以登封阳城为中心，组织了一次空前的天文测量，并根据实地测量结果，编成了结构严谨、条理分明的《大衍历》。至元十三年（1276年），忽必烈任用著名科学家郭守敬、王恂等人再次进行大规模的天文观测活动，以改进、修订历法，这就是著名的"四海测验"。据记载，登封阳城就是当时"四海测验"活动的中心观测站。今天的登封观星台是当年27座观测站的唯一遗存，是世界上沿用最久、保存最完整的古天文建筑之一，是我国历史上天文科学发展高峰的佐证。

嵩山被誉为我国历史发展的博物馆，拥有众多的历史遗迹。嵩山计有十寺、五庙、五宫、三观、四庵、四洞、三坛及宝塔270余座，是中国古代建筑学的圣地。嵩山地区佛、道、儒三教荟萃，少林寺、中岳庙、嵩阳书院鼎足而立，成为三教九流、说古论德的圣地。

2010年8月，以观星台、少林寺建筑群、嵩阳书院等8处11项历史建筑为代表的登封"天地之中"历史建筑群被联合国教科文组织列入世界文化遗产名录。

三　山

传说中的"三山"即海上的"三神山",是神仙居住的地方,因而格外令人神往。《史记·秦始皇本纪》载:"齐人徐福等上书,言海中有三神山,名曰蓬莱、方丈、瀛洲。"从此以后"海中三神山"的名字,便在古代小说、戏曲、笔记中经常出现,然而它只是传说而已。后人为了延续三山五岳的美丽神话,就在五岳之外的名山中选择新的三山。历史上对三山的选择也颇有争议,目前最为广泛认可的三山是:安徽黄山、江西庐山和浙江雁荡山。

天下第一奇山——黄山

黄山,雄峙于安徽省南部,与百慕大三角区、埃及金字塔等同处于神秘的北纬30°线上。山脉南北长约40千米,东西宽约30千米,面积约1200平方千米。原名黟山,因峰岩青黑,遥望显得苍黛而得名。后因传说轩辕黄帝曾在此采药炼丹,故改名黄山。黄山集中国名山之长,具泰山之雄伟、华山之险峻、衡山之烟云、庐山之飞瀑、雁荡山之巧石、峨眉山之清凉而享誉中华名扬全球。明代旅行家、地理学家徐霞客两游黄山,赞叹道:"登黄山天下无山,观止矣!"后人则据此概括为"五岳归来不看山,黄山归来不看岳"。黄山因其壮美的自然景观与丰富的人文景观,被誉为"天下第一奇山",与黄河、长江、长城齐名,是中华民族的又一象征。

黄山山体主要由燕山期花岗岩构成,在漫长的造山运动中地壳抬升形成山体;再经后期的冰川作用和自然风化,形成了今天黄山独特的峰林结构。前山岩体节理稀疏,岩石多球状风化,山体浑厚壮观;后山岩体垂直节理密集,垂向上侵蚀切割强烈,断裂和裂隙纵横交错,山体峻峭,因而形成了"前山雄伟,后山秀丽"的地貌特征。

黄山迎客松（麻少玉 摄）

　　黄山群峰林立，素有"三十六大峰，三十六小峰"之称，远看大峰雄伟，近看小峰秀丽，有机组合成一幅波澜壮阔的立体画面。"黄山之美始于松"，号称"无峰不石，无石不松，无松不奇"，并以奇松、怪石、云海、温泉、冬雪之"五绝"著称于世。

　　黄山生态保护完好，动植物繁茂，群落完整，素有"华东植物宝库"之称。据调查，黄山有野生脊椎动物300余种：鱼类24种、鸟类176种、两栖类21种、爬行类48种、兽类54种。其中有云豹等国家一级保护动物6种，黄山短尾猴等国家二级保护动物26种。黄山野生植物有1805种，国家一级保护植物有水杉，二级保护植物有银杏等4种，三级保护植物有8种；有石斛等10个物种属濒临灭绝的物种，6种为中国特有种，2种为黄山特有种；首次在黄山发现或以黄山命名的植物有28种，尤以名茶"黄山毛峰"、名药"黄山灵芝"驰名中外。

　　1985年黄山入选全国十大风景名胜，1990年12月被联合国教科文组织列入世界文化与自然遗产名录，2004年2月入选世界地质公园。

匡庐奇秀甲天下——庐山

庐山，又称匡山、匡庐。传周代有匡氏兄弟七人上山修道，结庐为舍，得名庐山。庐山地处江西省北部鄱阳湖盆地，北临中国第一大河长江，东濒中国第一大淡水湖鄱阳湖，因而有"一山分江湖"之说。庐山自古就以雄、奇、险、秀闻名于世，享有"匡庐奇秀甲天下"之美誉。

庐山地处江南台背斜与下扬子坳陷的交接带，区内地层除三叠系外均有出露，展现出地壳演化的主要过程。庐山具有独特的第四纪冰川遗迹，是中国第四纪冰川学说的诞生地。山麓鄱阳湖滨遗留着末次冰期时由古季风环流产生的独特风沙丘群。该区地质构造复杂，形迹明显。主要有北东向华夏式构造和北北东向新华夏式构造。许许多多的断裂构造，形成众多的奇峰峻岭和悬崖峭壁。庐山成因上是典型的地垒式断块山，当庐山上升之际，周围相对下陷，鄱阳盆地进一步发展，继而形成鄱阳湖。

"峨峨匡庐山，渺渺江湖间。"庐山汇大江、大湖、大山浑然一体，雄奇险秀，刚柔并济，形成了世所罕见的壮丽景观。庐山的"春如梦，夏如

云雾弥漫的庐山

滴,秋如醉,冬如玉"之景观,构成了一幅充满魅力的立体天然山水画。不仅如此,庐山还具有河流、湖泊、坡地、山峰等多种地貌,地形地貌复杂多样;峰峦叠嶂造成的"横看成岭侧成峰,远近高低各不同"是庐山复杂地形地貌的生动写照。

庐山早有"神仙之庐"的传说。水气缭绕的万顷江湖,使庐山夏日清凉,雨水充沛,云雾弥漫。丰富的雨水在巧夺天工的陡壁深壑、峭崖渊涧形成了数量众多壮美的瀑布,可谓"飞流直下三千尺,疑是银河落九天"。常年此涌彼消、变化莫测的云雾,又为庐山平添了迷人秀色和神秘色彩。每年盛夏,鄱阳湖盆地赤日炎炎,最高气温可达39℃以上,而山上平均气温只有22.6℃左右。从挥汗如雨的山下来到凉爽宜人的山中,真是两个世界两重天啊!正如白居易所赞:"初到恍然别造一世界者。"

独特的气候条件为庐山提供了丰富的生物资源。庐山森林覆盖率达76.6%,有高等植物2155种,昆虫2000余种,鸟类170余种,兽类近40余种。山麓鄱阳湖候鸟保护区是"鹤的王国",拥有世界最大的白鹤群。

庐山是教育名山。这里有居中国古代四大书院之首的白鹿洞书院。白鹿洞书院创建于公元940年,是中国古代教育和理学的最高学府。宋代理学大师朱熹在此提出的教育思想成为中国古代教育的准则,影响了中国历史文化的进程,在世界教育史上也颇有影响。著名地质学家李四光在庐山首先发现中国第四纪冰川遗迹,开启了中外学者对庐山冰川说的深入研究和探讨。中国植物学奠基人之一胡先骕,在庐山建立了由中国人自己创办的第一座正规的植物园——庐山植物园。

庐山不仅是风景胜地,中国的教育名山、宗教名山,还是政治名山。山与政治有何相干?在二十世纪中叶,庐山成为国民政府的"夏都",1937年蒋介石在庐山发表有关抗日战争的重要谈话。新中国成立后,在庐山召开过三次重要的中国共产党会议,留下了许多珍贵文物,极具历史价值。

庐山被联合国教科文组织评为"世界文化景观",列入世界遗产名录,并入选我国首批世界地质公园。

东南第一山——雁荡山

雁荡山坐落于浙江省温州市乐清境内,部分跨越永嘉县和温岭市境内。

雁荡山瀑布（陈辉 摄）

因山顶有湖，芦苇茂密，结草为荡，南归秋雁多宿于此，故名雁荡。按地理位置可分为北雁荡山、中雁荡山、南雁荡山、西雁荡山（泽雅）、东雁荡山（洞头半屏山），其中北雁荡山规模最大，景点最多，最为出名。通常所说的雁荡山一般是指乐清市境内的北雁荡山。雁荡山根植于东海，山水形胜，以奇峰怪石、古洞石室、飞瀑流泉见长，素有"海上名山""寰中绝胜"之誉，史称"东南第一山"。

雁荡山形成于1.2亿年前，是亚洲大陆边缘巨型火山（岩）带中白垩纪火山的典型代表，是研究流纹质火山岩的天然博物馆。雁荡山地质遗迹堪称中生代晚期亚欧大陆边缘复活型破火山形成与演化模式的典型范例。雁荡山的一山一石记录了距今1.28亿~1.08亿年一座复活型破火山的爆发、塌陷、复活隆起等完整地质演化过程，是研究大陆边缘岩浆作用深部地质过程的天然"深钻"，享有"古火山立体模型"的美誉。由于处在古火山频繁活动的地带，雁荡山山体呈现出独具特色的峰、柱、墩、洞、壁等奇岩怪石，称得上是一个造型地貌博物馆。这对科学家产生了强烈的启智作用，如北宋科学家沈括游雁荡山后得出了流水对地形侵蚀作用的学说，比欧洲学术界的侵蚀学说早了600多年。清人施元孚游雁荡山提出"游山说"，说的是中国古代游览山水活动中回归自然、与大自然神交的精神文化活动经验总结，这与清末学者魏源的"游山学"有异曲同工之妙，也是值得推崇的山水文化遗产。

雁荡山计有景点500多处，以峰、洞、瀑、嶂称胜，北宋著名科学家沈括赞其为"天下奇秀"。最有意思的是雁荡山有地形复杂、景象丰富、一景多象等景观特点,所以雁荡山最突出的形象特点还是"奇":奇在流纹岩特有的造型;奇在自然景观非同寻常、出人意料和变幻莫测;奇在摩天劈地、拔自绝壑的山峰;奇在倚大高地、气势磅礴的山嶂;奇在夺人心魄的大大小小的瀑布。

四大佛教名山

　　中国有许多以佛教闻名的山,最为著名的四大佛教名山有:"金色世界"五台山、"银色世界"峨眉山、"琉璃世界"普陀山、"莲花世界"九华山。这四大名山为中国佛教的道场,是大菩萨传经布道之地:五台山为文殊菩萨道场,普陀山为观音菩萨道场,峨眉山为普贤菩萨道场,九华山为地藏菩萨道场,所以自明代以来就有"金五台、银普陀、铜峨眉、铁九华"之说。随着佛教的传入,四大名山自汉代开始建寺庙,修道场,延续至清末。新中国成立后受到国家的保护,并对寺院进行了修葺。这四大名山融观光游览、佛教建筑参观、休闲度假为一体。丰富的旅游资源、厚重的佛教文化、优美的自然风光、舒适的旅游环境、极富个性的世界级旅游景区,正是四大名山的魅力所在,是中华文明的结晶,是中国独一无二、充满诱惑的朝圣目的地。

"金色世界"——五台山

　　五台山为"中国佛教四大名山"之首,与尼泊尔蓝毗尼花园、印度鹿野苑、菩提伽耶、拘尸那迦并称为世界五大佛教圣地。五台山位于山西省东北部,属太行山系的北端,由一系列大山和群峰组成。其中五座高峰,山势雄伟,连绵环抱,方圆250千米,总面积近3000平方千米。五峰如五根擎天巨柱拔地而起、巍然矗立,峰顶平坦宽阔,"有如垒土之台",故名五台山。五台山平均海拔1100米以上,最高峰北台叶斗峰海拔3061

仁者乐山
藏龙卧虎的山文化

五台山一角

米，为华北最高峰，有"华北屋脊"之称。

五台山地处华北大陆的腹地，是地球上最早露出水面的升迁陆地之一，25亿年前地壳运动和地层的不断抬升，使连绵的山体雄踞华北之巅，群峰耸出，形成了俯瞰中原之势。如今大面积出露的不同层次的岩层和地质构造，完美地展示出中国大陆基底的地质构造和地质组成。五台山拥有独特而完整的地球早期地质构造、地层剖面、古生物化石遗迹、新生代夷平面及冰缘地貌，完整记录了地球新太古代晚期—古元古代地质演化历史，具有世界性地质构造、地层年代划分意义和对比价值，是全球地质科学界研究地球早期演化和早期板块碰撞造山过程的最佳纪录，是开展全球性地壳演化、古环境、生物演化对比研究的典型例证，当之无愧地被誉为"中国地质博物馆"。

五台山由东西南北中五大高峰组成。东台望海峰可看云海日出，南台锦绣峰是花的海洋，西台挂月峰可赏明月娇色，北台叶斗峰可览群山层叠，中台翠岩峰可见巨石如星。每个"台"的台顶雄旷，层峦叠嶂，峰岭交错，挺拔壮丽。全境相对高差达2400多米，山上多呈现"隔山见盆地，遇水出奇观"的自然气象。山间流泉飞瀑和奇岩怪洞比比皆是：硕大神奇的清凉石，色彩斑斓的牛心石，苔藓斑驳的龙翻石，巍峨蜿蜒的仰天大佛；极目远眺东台日出，奇特瑰丽的台山佛光，莫不展现了五台山的古老与神秘。特殊的地质构成，使五台山形成了"岁积坚冰，夏仍飞雪"的特殊气候，山地间雨量充足，空气清新，最热月份平均温度低于21℃，是享誉中外的清凉胜境。

五台山植物物种共计99科，354属，595种。各种名贵药草、奇花异卉，与古刹内遮阴蔽日的苍松翠柏一起，构成了五台山层林尽染、百花争妍的亮丽景观。栖息于山野和树丛间的狍子、山羊、褐马鸡等珍禽异兽，又为风景优美的佛国高山公园平添了生机与活力。

五台山秀美奇特的山形地貌和清凉宜人的自然风光，吸引了无数中外善男信女，因而素有"金五台"之称。有史可考，东汉永平年间佛教进入之前，五台山就已经是道观遍地的名山仙境了，当时名曰紫府山，故也称五峰山道场。后因两位天竺高僧赛法获胜，获准修建了第一座寺院——大孚灵鹫寺（今显通寺）。再经北魏、唐、宋、元、明、清历代扩建修缮，逐步奠定了五台山在全国乃至世界佛教圣地的地位。在五台山佛教鼎盛的唐代，全山寺院最多达360座，有僧侣万人之众。

五台山还是我国唯一兼有汉地佛教和喇嘛教的道场，出现了各具特色的青、黄二庙，因此极受西藏、内蒙古、青海、甘肃、黑龙江等地少数民族的尊崇。五台佛国也诞生了一大批高僧名师；盛唐时期，这里成了海外信徒留学听经的高等佛教学府。千百年来，印度、日本、蒙古、朝鲜、尼泊尔、斯里兰卡等国佛教徒，都到五台山来朝圣求法巡礼，甚至留在五台山修行终身。

"佛门常会龙门客，禅林时集翰林人。"五台山佛教圣地的形成，为文人墨客提供了游山玩水、抒发情怀的精神栖息地。宋代丞相张商英、明代名相张居正、大旅行家徐霞客、金代大诗人元好问等都曾登临五台山，留下了不朽的诗篇。

总之，古老而独特的地质地貌、秀丽奇特的台顶风光、清凉宜人的气候特征与灿烂辉煌的佛教文化相得益彰，孕育了世界佛教的文殊信仰中心，完美体现"天人合一"的哲学思想，形成了五台山独特而富有生命力的组合型文化景观。2009年6月五台山成为继庐山之后的中国第二个"文化景观"列入世界遗产名录。

"银色世界"——峨眉山

"峨眉天下秀。"峨眉山雄踞四川盆地西南,处于四川盆地向青藏高原过渡地带。山体地处长江上游,屹立于大渡河与青衣江之间,呈南北向延伸。峨眉山因两山相峙,形如蛾眉而得名;又有说因山势逶迤,"如蠢首峨眉,细而长,美而艳"而得名。佛教《华严经》则称其为"光明山"。"峨眉者,山之领袖,普贤者,佛之长子",峨眉山以其雄秀壮丽的自然风光和充满神秘传说的佛教文化而闻名于世,被奉为我国四大佛教名山之一,享有"佛教圣地""仙山佛国""天下名山"等美称,诗仙李白叹其为"蜀国多仙山,峨眉邈难匹"。

从地质成因上看,峨眉山为褶皱断块山地,伴随着青藏高原的抬升而成。经长期河谷深切等作用不断改造,山势雄伟,隘谷幽深,形成相对高差2000米以上的峡谷奇峰地形,因而保存了从前寒武纪以来比较完整的沉积地层剖面,为研究地壳及生物演化历史提供了难得的地质史料;燕山运动、喜马拉雅运动所产生的复杂构造变形又为研究地壳的表层构造提供了实物依据,因此峨眉山有"天然地质博物馆"之称。

峨眉山景观以"雄、秀、神、奇"为特色,自古享有"高出五岳,秀甲天

云雾中的峨眉山(蒋玺 摄)

下"的美誉。

"雄"。峨眉山山形高大，气势雄伟。峨眉山平地拔起于四川盆地西南缘，相对高差2600余米，顶峰海拔3099米，高出五岳中海拔最高的华山近千米，有"高凌五岳"之称。峨眉主峰三峰并立，直指蓝天，气势磅礴。登临金顶，极目眺望，或群山叠叠，或云海茫茫，变幻无穷，令人心旷神怡。

"秀"。峨眉山处于多种自然要素交会地区，植物垂直带谱明显，植物种类繁多，类型丰富，植被覆盖率高达87%以上。山中峰峦叠嶂，林木繁茂，郁郁葱葱，山体轮廓优美，线条流畅，景色多姿多彩。在天下各大名山中，其繁茂的植被景观，堪称第一。

"神"。峨眉山作为我国四大佛教名山之一，浓郁的佛教文化色彩使其笼罩在一片神秘的宗教气氛之中。加上有关它的神话传说、戏剧、诗歌、音乐、绘画、武术等的传播与渲染，使佛教文化、寺庙建筑与自然景观有机而巧妙地融合，更加深了这座佛国仙山的神秘色彩。

"奇"。独特的地形地貌与气候条件，造就了峨眉山奇特多变的自然美景。其最著名的气象景观云海、日出、佛光、圣灯、朝晖、晚霞等，随着季节的变化和山势的不同，在阴、晴、风、雨、云、雾、霜、雪的渲染下，变得更加绚丽多彩，奇幻无穷，甚至让人觉得虚幻莫测。

峨眉山"山山有奇景，十里不同天"。进入山中，重峦叠嶂，古木参天，万壑飞流，水声潺潺，彩蝶翩翩，灵猴嬉戏。登临金顶极目远望，山连天际，云涛滚滚，百里平川尽收眼底，让人感觉既心旷神怡又如虚似幻。

峨眉山森林覆盖率高，动植物物种丰富，素有"植物王国""动物乐园"之称。据称，这里生长有高等植物超过3000种，其中仅产于峨眉山或全国首次发现，并以"峨眉"定名的植物就达百余种。在这里能找到首批被列为国家保护植物的珙桐、桫椤、银杏、独叶草、连香树、领春木等30多种，而一些古老物种（如木兰、木莲、木樨、含笑、万寿竹、石楠、铁杉、五味子等）亦极具科研和保护价值。

峨眉山中动物种类也极丰富，不仅古老、珍稀、濒危、渐危的物种多，特有种和模式种也很多，真不愧是天然的动物种质基因库。已知动物有3200余种，其中小熊猫、林麝、短尾猴、苏门羚、白鹇、白腹锦鸡、灰斑角雉以及胡子蛙、弹琴蛙、枯叶蝶等是157种珍稀特产动物的代表，对研究世界生物区系具有重要地位和特殊意义。

峨眉山野生自然生态猴区是我国目前最大的野生自然生态猴区。走近这些见人不惊、与人同乐的峨眉山猴群时，可要收藏好手提包中的食物，以免成为悟空们的美餐。

峨眉山还有着悠久的人文历史。早在1万年以前，这一区域就有了古代先民的活动。进入文明社会，有文献、史迹可考的人文历史已有2000多年。在如此漫长的历史时期，古代先民创造了光辉的历史文化，留下了丰富的历史遗产。佛教的传入，寺庙的兴建和繁荣，又为峨眉山这座雄而秀的"蜀国仙山"增添了神奇的色彩。宗教文化，特别是佛教文化，构成了历史文化的主体。所有的建筑、造像、法器、礼仪、音乐、绘画等无不展示出自身宗教文化的浓郁气息和鲜明色彩。

总之，峨眉山以其雄秀神奇的自然景观、典型的地质地貌、保护完好的生态环境以及近2000年来创造和积累的丰富文化遗产，1996年与乐山大佛一起，以"自然和文化双重遗产"被列入世界自然与文化遗产名录。

"琉璃世界"——普陀山

"海上有仙山，山在虚无缥缈间。"普陀山位于浙江省杭州湾以东，是舟山群岛中的一个小岛，面积12.5平方千米，呈狭长形，最高处佛顶山海拔288.2米。普陀山春秋时称甬东，西汉时称梅岭，至明始称普陀。作为著名的观音道场，普陀山是中国四大佛教名山中唯一坐落在海上的佛教圣地，有"海天佛国""南海圣境"之称。由于四面环海，风光旖旎，佛教文化底蕴深厚，又被称为"第一人间清净地"和"震旦第一佛国"。

普陀山形成于约1.5亿年前的侏罗纪—白垩纪，构造上位于古华夏褶皱带浙东沿海地带，主要由燕山运动晚期的侵入花岗岩构成。受古近纪和新近纪新构造运动地壳间歇上升以及第四纪冰期、间冰期海蚀作用的影响，形成了山地、海蚀海积阶地、海积地、海蚀地等多种地貌类型。

古人云："山与水二者不易并美。以山而兼湖之胜，则推浙之西湖，以山而兼海之胜，当推定海普陀。"普陀山是以山、水二美著称的名山，而普陀胜景更是集寺庙、海、沙、石于一体。山上古刹、金沙、奇石、洞壑、潮音、幻景浑然一体，形成了山海兼胜、水天一色的独特景观。山石林木、寺塔崖刻、梵音涛声、皆充满佛国神秘色彩。岛四周金沙绵亘、白浪环绕，渔帆竞发、青峰翠峦、银涛金沙环绕着大批古刹精舍，构成了一幅幅绚丽多姿的画卷。岛上的磐陀石、二龟听法石、心字石、梵音洞、潮音洞、朝阳洞各呈奇姿，引人入胜。普陀十二景则或险峻、或幽幻、或奇特，给人以无限遐想。海市蜃楼是普陀山特有的气象奇观，历史上曾多次出现。古人诗文常有提及："楼沾蜃气全疑湿，潮落沙痕半未残""潮声远送疏钟断，蜃气轻浮宝锡飞"。

普陀山树木繁茂，古樟遍野，鸟语花香，素有"海上植物园"之称。全山古树名木繁多，尤以普陀鹅耳枥（木）为世界独存，属珍稀濒危国家一级保护植物。岛上还有受保护的植物普陀樟、舟山新木姜子、海滨木槿、全缘冬青、珊瑚菜、寒竹（观音竹）等10余种以及树龄500年以上的古树10余株。普陀山盛产的"四大海鱼"还为游人提供美味的黄鱼、墨斗鱼和特有贝类——"佛手"。

普陀山还有深厚的历史文化遗存。春秋战国时，越王勾践曾将普陀山及附近诸岛称为"甬东"，秦朝安期生、晋朝葛洪等人都先后来到山上采药和修炼。相传汉代大儒梅福曾来山中隐居，故普陀山初名梅岭山。宋时有"梅岑山观音宝陀寺在县东海中……因山为名"，故称宝陀山。明万历年间，钦赐宝陀观音寺为"护国永寿普陀禅寺"，山以寺名，为普陀山名之始。普陀山作为中国古代海上丝绸之路始发港的重要组成部分，早在唐代就成为与日本、韩国及东南亚国家交往的必经通道和泊地。

普陀山观音道场始于唐朝。据载，唐大中年间，一位印度高僧来岛参拜，见观音菩萨现身说法，故称此地为"观音显圣地"。后有日本僧人惠萼从五台山请得观音像，回国时途经普陀，几次欲乘舟东渡，都为海浪所阻。于是，就在普陀山东南角海边建

普陀山观音菩萨像（刘莉 摄）

起"不肯去观音院"供奉该像。宋神宗元丰三年（1080年），开始在普陀山正式建寺，赐名"宝陀观音寺"。宋宁宗嘉定七年（1214年）正式定普陀山为观音菩萨道场，与五台山、峨眉山、九华山同称佛教四大名山。此后历代皆有兴建。全盛时期，普陀山曾有3大寺、88庵院、128茅蓬，僧尼达4000余人，蔚为壮观。

"莲花世界"——九华山

九华山位于安徽省池州市，西北隔长江与天柱山相望，东南越太平湖与黄山同辉。汉时称陵阳山。南朝时因"此山奇秀，高出云表，峰峦异状，其数有九"，故名九子山。唐天宝年间，诗仙李白赞其九峰秀如莲花，有"妙有分二气，灵山开九华"之吟，遂易名九华山。九华山佛教文化底蕴厚重，以"香火甲天下"著称，因此享有"莲花佛国"的美誉。

九华山为皖南斜列的三大山系（黄山、九华山、天目山—白际山系）之一，主体是由花岗岩体组成的强烈断隆带。区内断裂构造发育，花岗岩岩体在漫长的地质时代中被流水冲刷和风化剥蚀，巨大山体被离析肢解，形成了九华山以峰为主，盆地峡谷、溪涧泉流交织的独特地貌景观。

"楚越千万山，雄奇此山兼。"（北宋·王安石）九华山山脉连绵起伏，

云海中的九华山

南北逶迤，东西纵横，群峰竞秀，怪石林立，千姿百态，各具神韵。九座主峰高耸入云，秀如莲花，奇峰叠起，怪石嶙峋，涌泉飞瀑，溪水潺潺。鸟语伴钟鼓，云雾现奇松，自然风光十分迷人。登顶主峰天台峰极目远眺，天地浑然一体，古人赞其为"非人间"，意为登临天台，如入仙境。自天台北可见长江如游龙横卧江淮大地，南可观神奇黄山奇峰秀水。天台观日出可与泰山相媲美，故自古有"不到天台，等于没来"之说。"一夜风雨过，遍山满飞龙"是对九华山山水景致的概括；这里溪水清澈，泉池潭瀑众多，于绿树丛中更显得逶迤秀丽，婀娜多姿，构成了一幅幅清新自然的山水画卷。

九华山的历史文化也颇为久远而丰富。早在东晋隆安五年（公元401年），天竺僧人杯渡在山上兴建寺庙，修行布道，成为九华山佛教的开山祖师。唐开元年间，朝鲜半岛新罗国高僧金乔觉在九华山苦心修炼数十载，圆寂后肉身三年不腐，僧众认定其为"地藏菩萨灵迹示现"，遂建肉身塔以供奉，辟为地藏菩萨道场。自唐代至今，这里自然形成的僧人肉身达15尊（现可供观瞻者5尊）。在气候常年湿润的条件下，肉身不腐已成为生命科学之谜，更为九华山增添了一份庄严神秘的色彩。

九华山景区森林覆盖率高达75%。常绿阔叶林、常绿与落叶阔叶混交林、针叶林和竹林交相辉映。茂密的植被孕育了丰富的生物资源：这里已知有高等植物1500余种，其中有金钱松、银杏等20多种国家级保护植物和名贵树种，还有众多的珍稀药用植物和观赏花卉。九华山还是野生动物的天堂。这里生活着250多种野生动物，包括梅花鹿、云豹、大鲵等国家级珍稀保护野生动物20余种。从这个角度说，九华山不愧是我国东南地区极为重要的生物基因库。

四大道教名山

道教的思想基础之一是原始宗教，它把中国古代对山岳的崇拜纳入了自己的信仰范围，并演绎为洞天福地的宗教学说。道士们入山修炼，一可

感受山中之灵气，居清净之地远离尘世之腥膻；二能得到神灵的庇护和真仙高道的指点。寂寂深山、入云奇峰，正应验了道教崇尚自然、乐好清静的旨意。山中丰富的矿物质和药用植物为道士采炼仙丹提供了条件。因此，千百年来众多的道士隐居名山潜心修道，为名山保护起到了重要作用。

中国的四大道教名山为：湖北武当山、江西龙虎山、四川青城山和安徽齐云山。

天下第一仙山——武当山

武当山位于湖北省丹江口市境内，北通秦岭，南接巴山，背倚苍茫千里的神农架原始森林，面临碧波万顷的丹江口水库。武当山又名太和山、参上山或仙室山，为我国道教名山之首，古有太岳、玄岳、大岳之称。相传道教信奉的"真武大帝"即在此修仙得道飞升，意为"非真武不足当之"，故名武当。

武当山融独特神奇的自然风光、丰富多彩的人文景观、宏伟玄妙的古代建筑、博大精深的道教文化和闻名中外的武当武术为一体，传递着中华

武当雄峰（倪集众 提供）

古老的文化气息，被誉为"亘古无双胜境，天下第一仙山"。

武当山山体四周低下，中央呈块状突起，多由古生代千枚岩、板岩和片岩构成，局部有花岗岩。岩层节理发育，并有沿旧断层线不断上升的迹象，故形成许多悬崖峭壁的断层崖地貌，山地两侧多陷落盆地。

武当山处于亚热带季风气候区，山区垂直地带性气候明显，气温随海拔高度递减，并兼有复杂的局部小气候，故"冬寒而不寒，夏热而不热"，为我国八大避暑胜地之一。由于特殊的地理环境和自然优势，武当山成为著名的养身之地和道教名山，有"天然氧吧"之称。

武当山气候温暖湿润，动植物资源丰富。这里有植物758种，包括国家一级重点保护树种水杉、珙桐以及银杏、香果树、金钱松等国家二级、三级重点保护树种数十余种。武当山还有"天然药库"之称：400多种中草药中，包括了曼陀罗花、天麻、田七等上百种名贵药材。这里的1200多种动物中，有20多种国家一级、二级保护动物（如金钱豹、水獭、凤头鹰、大鲵等）。

武当山山势奇特，雄浑壮阔，风景兼泰山之雄、华山之险、黄山之奇、雁荡之幽，北宋大书画家米芾将其誉为"天下第一山"。主峰天柱峰拔地而起，巍峨高大，其周围七十二峰凌耸九霄，俯身颔首，宛如众星捧月，气势宏伟，被世人赞为"万山来朝"。除七十二峰外，武当山计有三十六岩、二十四涧、十一洞、三潭、九泉、十池、九井、十石、九台等胜景，构成了"七十二峰接天青，二十四涧水长鸣"的秀丽画境。

"五里一庵十里宫，丹墙碧瓦望玲珑"是对武当山上壮观的古建筑群恰如其分的描述：这些古建筑群规模之宏大、布局之精妙、建筑之考究、文物之丰富超过五岳。1994年武当山被联合国教科文组织列入世界文化遗产名录。

古有"天下名山佛占尽"之说，唯武当山任道观所主宰，也因此成为道教第一名山。八百里巍巍

武当山宫观（倪集众 提供）

武当山，孕育了千百年的历史文化。然而，真正让武当山名扬天下的则是一代宗师张三丰。"北宗少林，南尊武当"，许多人都是由武当拳而知武当山的。武当武术历史悠久，博大精深，而明初武当道士张三丰则是集其大成者，被尊为武当武术的开山祖师。由他创造的这种"以静制动，以柔克刚"的内家拳法，经历代武术家不断创新、充实、积累，成为与嵩山少林武术齐名的中华武术名宗。

神仙都所——龙虎山

龙虎山原名云锦山，位于江西省鹰潭市西南20千米。龙虎山得名有两种说法：一是因山形得名："龙虎山在贵溪县南八十里，两峰对峙，状若龙虎"；另一是据传东汉中叶，道教第一代天师张道陵在此炼丹，"丹成而龙虎现，山因得名"，龙虎山因而成为道教的发祥地，以"神仙都所""人间福地"而名贯古今。

龙虎山在地质构造上属于信江断陷盆地。盆地初形成于三叠纪晚期，从晚侏罗至早白垩纪期间（距今约1.5亿～0.9亿年），盆地中活火山喷发及沉积的泥砂质岩石，奠定了本区火山地貌的物质基础。到晚白垩纪（距

龙虎山（倪集众　提供）

今约 0.9 亿～0.67 亿年），盆地中沉积了一套厚层紫红色砾岩和砂岩，为形成本区丹霞地貌提供了物质条件。之后地壳逐步抬升，流水不断冲刷，侵蚀切割加剧，加上重力崩落等，逐渐形成典型的丹霞地貌景观，是我国丹霞地貌发育程度最好的地区之一。区内丹霞地貌分布面积约 190 平方千米，同时发育有约 50 平方千米的火山岩地貌，是著名的世界地质公园。

"亿载造化成绝迹，龙虎丹霞惊天下。"龙虎山有着从幼年期、壮年期到老年期丹霞地貌的完整序列，以及包括峰墙、石林、峰丛等 20 多种丹霞地貌景观，加上和泸溪河相依组成了碧水丹山的天然画廊。联合国教科文组织世界地质公园顾问赵逊教授认为，龙虎山所蕴含的美学价值和地质地貌研究价值无可挑剔，是"世界丹霞地貌景观的典范"。2010 年，以广东丹霞山、江西龙虎山、贵州赤水等 6 个典型丹霞地貌风景区为代表的"中国丹霞"正式被联合国教科文组织列为世界自然遗产。

"一条涧水琉璃合，万叠云山紫翠堆"，龙虎山的美妙在其山水。由红色砂砾岩构成的龙虎山九十九峰、二十四岩、一百零八处自然及人文景观，奇峰秀出，千姿百态，有的像雄狮回首，有的似文豪沉思，有的如巨象汲水……山中的泸溪河似一条逶迤的玉带，把龙虎山的奇峰、怪石、茂林、修竹串联在其两岸。河水碧绿似染，楚楚动人。水急时千流击崖，水缓时款款而行，水浅处游鱼可数，水深处碧不见底。山因水而活，水因山而媚，构成了一幅碧水绕丹山、山水云天共争秀的绝妙天然画卷。

婀娜多姿的泸溪河与形状各异的诸峰相映，让龙虎山形神兼备；而泸溪河两岸悬崖峭壁上的 202 处"悬棺"以及丰富的崖墓文化，则是龙虎山丹霞地貌的魂。这些历时 2600 多年的春秋战国崖墓群，以其分布广、数量多、位置险、造型奇特、文物丰富而堪称中国之最、世界一绝。泛舟泸溪河上，两岸的崖壁犹如一幅舒现缓展的历史画卷。一个个山崖墓穴，形态各异，高低不一。有的单洞单葬，有的连洞群葬。淡黄色的古棺木和堑底封门之间的泥砖清晰可见。古人为何要冒险葬进山崖？所葬者何许身份？他们又是如何将棺木放进悬崖峭壁之中？一个个千古之谜，又让龙虎山崖墓蒙上一层神秘的色彩，成为世界文化史上的一大谜团。

"山不在高，有仙则名。"龙虎山因祖天师在此结炉炼丹、修建道观而名扬天下。上清宫附近的天师府，占地 400 公顷，房屋 100 余间，为历代天师的住处，是我国规模最大的一处道教建筑群，也是现今保存较

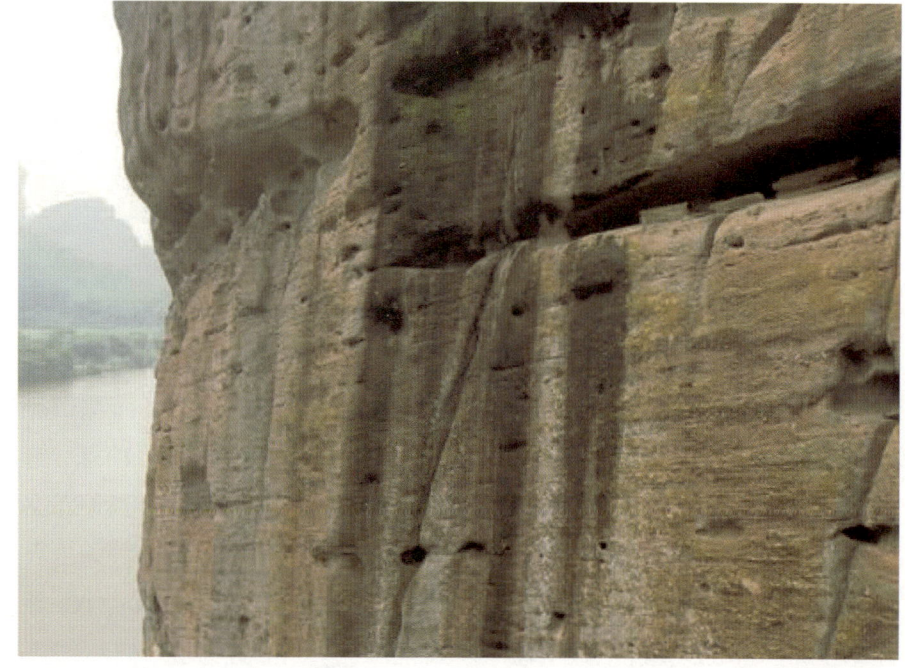

龙虎山悬棺葬

完好的封建时代大府第之一。

源远流长的道教文化、独具特色的碧水丹山与规模宏大的崖墓群构成了龙虎山自然景观和人文景观的"三绝"。

青城天下幽——青城山

青城山位于四川省成都平原西北部,东距成都70余千米,距都江堰约15千米,古称丈人山。青城山得名亦有两种说法:一是此山林木青翠,四季常青,诸峰环峙,状若城郭,故名青城山;另一说法是其本名"清城山",在唐初佛道之争中,唐玄宗下诏判定"观还道家,寺依山外"时,误将"清"写为"青",故改称青城山。青城山是中国道教的发源地之一,有"拜水都江堰,问道青城山"之说。这里山林青翠,景色清幽,自古青城之幽就与剑门之险、峨眉之秀和夔门之雄齐名。

青城山地处四川盆地向青藏高原过渡带,地质构造复杂。"青城山林木青翠,峰峦多姿,以幽洁取胜,这里山林幽深、古道幽静、山花幽香、鸟鸣幽趣、亭阁幽雅、溪流幽清……"著名作家老舍作《青蓉略记》，感叹青城山"青得出奇"，心中有一种使人"似滴未滴，欲动未动的青翠"。漫步于茂密的古木和宫、观、桥、亭、阁、泉之间，无形中感受到频频袭来的幽意……

青城前山主要名胜有建福宫、天然图画、天师洞、上清宫等。建福宫始建于唐代，规模颇大，气度非凡，宫前有一条清溪，四周古木葱茏，环境幽美。天然图画是清光绪年间建造的一座阁，这里苍岩壁立，云雾缭绕，绿树交映，游人至此，如置身画中，故名"天然图画"。天师洞为青城主庙，洞中有"天师"张道陵及其三十代孙虚靖天师像，天师洞现存殿宇建于清末，规模宏伟，雕刻精致，主殿三皇殿中供有唐朝石刻三皇，殿内现存历代石木碑刻中最著名的有唐玄宗旨书碑、岳飞手书的诸葛亮前后出师表。

青城后山以水秀、林幽、山雄、石怪为奇观，与前山一脉相承，深藏不露，极具神秘色彩。后山的宫观香火虽无前山之盛，而清幽洁净却更胜一筹，有"一山幽意论平分"之说。这里自然风光迷人，主要景点有金碧天仓、圣母洞、山泉雾潭、白云群洞、天桥奇景等。"山前山后溪水响，云内云外涧鸪啼。"在山间溪水、一路飞瀑水潭的点缀下，后山景色更是幽美，以幽谷飞泉、百丈长桥和双泉水帘三景尤绝。

青城山还有"洞天福地"和"人间仙境"之美称。山上植被繁茂，春华秋实，盛产野生药材，无疑是追求质朴、崇尚自然的道家眼中的洞天福地。据传道教天师张道陵晚年显道于青城山，并在此羽化。此后，青城山成为天师道的祖山，

青城天下幽（蒋玺 摄）

全国各地历代天师均来青城山朝拜祖庭。

青城山还是一座文化名山。山东麓有距今约4500年前的新石器时代晚期芒城遗址。大量的文物揭示了古蜀文明的辉煌。据传早在公元前二世纪，秦王朝就将青城山列为国家祭祀的圣地之一。

青城山至今完好地保存有数十座道教宫观，珍藏着大量古迹文物和近代名家手迹，称得上是一座纵横千百年的"道教博物馆"。2000年，四川青城山和都江堰被联合国教科文组织列为世界文化遗产。

江南第一名山——齐云山

齐云山位于安徽省黄山市休宁县境内，古称白岳。因与黄山南北相望，风景绮丽，故有"黄山白岳甲江南"之誉。传明嘉靖时，世宗年过三十无皇子，便命龙虎山张天师在白岳求子，应验后高兴之余，见"一石插天，与天并齐"，遂更名为"齐云山"。齐云山景色以幽深奇险著称，与黄山、九华山合称"皖南三秀"。古人称"新安多佳山，黄山白岳为最"。清乾隆皇帝更是赞其为"天下无双胜境，江南第一名山"。齐云山也是道家的"桃源洞天"。

在距今约6500万年前的晚白垩世，齐云山为内陆断陷湖盆，形成以砾岩、砂岩、钙质砂岩为主的沉积岩。由于此时气候炎热，沉积岩中的铁离子强烈氧化而使岩石呈现紫红色，为丹霞地貌的形成奠定了物质基础。后来在喜马拉雅造山运动和第四纪新构造运动期间，湖盆逐渐抬升变为高地，侵蚀作用加剧。沿着地壳抬升过程中形成的断裂、节理，流水等外力地质作用不断对原地层进行切割、侵蚀，再加上重力崩塌，导致完整的山体逐渐解体，遂形成了丹崖绝壁、沟壑纵横、秀峰林立的自然景观。

齐云山不仅具有独特的丹霞地貌，而且有丰富的地质遗迹资源。这里保存了层次清晰的白垩纪齐云山组标准地质剖面，特征明显的喜马拉雅造山运动及新构造运动构造形迹。丰富的恐龙骨骼化石、恐龙蛋化石、恐龙足迹化石等，表明这里曾经是恐龙繁衍生息之地。2001年，齐云山被国土资源部列为首批国家地质公园。

"黄山白岳相对峙，绿水丹崖甲江南。"齐云山虽与黄山近在咫尺，但地貌却迥然不同：黄山是花岗岩峰林地貌，而齐云山则是典型的丹霞地貌；

齐云山

　　黄山的山岩是青黑色的，齐云的山崖壁则呈赤紫色。

　　齐云山虽因"一石插天，与天并齐"而得名，实际上山并不高，最高峰不到600米。然齐云山峰峦形态奇特，绝壁断崖，结构突兀，在飞瀑、流泉、云海、湖光及四时景色的映衬下，显得分外精巧奇崛。古人云："危崖神奇峰，绝壁布幽洞，岩额泻银瀑，幻景变无穷。"齐云山的九座山峦组成了三十六奇峰、七十二怪岩、二十四飞涧，加上众多的洞、湖、泉，以及星罗棋布的碑铭石刻、亭台楼桥、庵堂祠庙等人文景观，处处散发着幽幻莫测的神秘气息；独具特色的丹霞地貌，更是奇峰峥嵘，怪石嶙峋，赤壁危立，千姿百态。这里赤如朱砂，灿若红霞，导致峰峰入画，岩岩皆景，呈现出一幅大写意、多色调、五彩斑斓的山水画卷。

　　齐云山几乎峰峰有题词，洞洞有刻铭。现存的530多处摩崖石刻和碑刻流派纷呈，风格各异，正、行、草、隶、篆俱全，再加上镌刻精练娴熟，神韵悠长，堪称艺术瑰宝。这里既有"三绝碑"美称的唐寅碑，又有延年益寿的寿字岩，还有天开神秀、齐云胜景和亘古奇观等，都是崖刻中的珍品，气势恢宏，令人叹为观止。

　　齐云山道教始于唐，盛于明。唐乾元年间（758—760年），道士

仁者乐山
藏龙卧虎的山文化

齐云山的玉虚宫

龚栖霞隐于天门岩下,开创了齐云山道教历史。南宋宝庆年间(1225—1227年),道士余道元创建佑圣真武祠,齐云山道教建筑逐现规模。至明代嘉靖和万历年间,江西龙虎山嗣汉天师正一派张真人祖孙三代奉旨驻留齐云山,完善道规,修建道院,香火日盛,齐云山道教达到鼎盛,成为江南道教活动中心。而且,齐云山道教在宫殿建筑、道规道制等方面均仿效武当,故有"江南小武当"之称。鼎盛时期齐云山有道观33座,现仅存6处,以玉虚宫、真武殿和玄天素宫、天清殿、洞天福地等最为著名。

和谐的山文化

"蝉噪林逾静,鸟鸣山更幽""月出惊山鸟,时鸣春涧中""明月松间照,清泉石上流",古代诗人为我们描绘了一幅幅大自然与人和天下万物和谐相处的美妙画卷。蓝天白云、绿水青山、鸟语花香、清风明月,优美和谐的自然环境,必然为我们带来身心的愉悦和无限的乐趣,这也正是人与自然和谐相处之道。

仁者乐山
藏龙卧虎的山文化

绿水青山（麻少玉 摄）

　　二十一世纪的发展主题——和谐，与我们在本书中所导出的有着藏龙卧虎般丰富的山文化内涵完全一致，它包含着人类自身的和谐、人与人的和谐、人与社会的和谐，以及人与自然的和谐。和谐自然是二十一世纪文化的核心，也是山文化的核心。

　　让我们回顾一下山文化，了解山文化的特质，与自身及周围的一切和谐相处，建设我们美好的家园。

　　愿青山不老，绿水长流。

人和山的"争斗"

　　山既有严父般的威严和刚毅，也有慈母般的温柔与包容。

　　千万年来，山用广博的物产滋养着人类，以雄壮的身姿、坚韧的"性格"启迪着我们，以迷人的景色，使人们感慨、陶醉，心旷神怡。葱郁的山林，潺潺的山涧和溪流，蜿蜒曲折的山间小道，层层叠叠的梯田，错落有致的吊脚楼，回味悠长的山水诗，气壮山河的山水画，以及人们骨子里那份依山傍水、登高远眺的山文化情结，都把山与我们的心紧紧地联结在一起，无法割舍。

可是，人与山又是矛盾的。人类为了满足生产和生活需求，不可避免地要开发山，利用山甚至破坏山。从原始文明到农业文明，再到工业文明，人类利用自然、改造自然的能力不断增强，"文明"却使人与山的矛盾日渐突出。尤其是工业文明以来，工业化的强劲动力让人类大有"战天斗地"的雄心和信心，无尽的物质需求、掠夺式的山林开发，导致人与山的关系愈来愈紧张，最终演变成人与山的"斗争"。

贵州晴隆二十四道拐（麻少玉 摄）

人伤害了山

工业革命带来了人类物质文明的空前繁荣，也给大自然带来了巨大的伤痛。在这场轰轰烈烈的工业化进程中，现代人打着"人定胜天"的旗号，使哺育了千百代人的绿水青山千疮百孔、沟壑纵横。

向山要矿产

矿产是工业的"粮食"，矿产开采成为生产活动和经济增长的重要手段。我国95%以上的能源和80%以上的工业原料都来自矿产资源。仅仅在二十世纪，全世界就开采了250亿吨铁矿石、烧掉了1370亿吨煤、470亿吨石油和20万亿立方米天然气。工业革命以来，人类消耗资源的强度和力度达到了空前的程度。

和谐的山文化

仁者乐山
藏龙卧虎的山文化

太空俯瞰美国蒙大拿州布特市伯克利露天矿

矿山开采有露天开采和地下开采。露天开采剥离了大量土地，明显改变了地表景观。地下采矿通过坑道和巷道开采出地下的矿产，既在地表留下大量废渣，又在地下形成大量空洞，加上固体废弃物的堆弃，常常造成山体滑坡、塌陷和废渣溢流。在开采矿产时，人们往往忽视对矿山的保护，只想到乱采滥挖：采富弃贫，采厚弃薄，采易弃难，导致废渣成山，污水横流，废气、粉尘遮天蔽日，造成了极大的环境破坏。

用山换土地

几个世纪以来，不断膨胀的人口向山无休止地索取土地。"民以食为天"，为了填饱肚子，人们开山辟土，伐林造田，化牧为耕，用一座座浓郁苍翠的连绵青山和一片片草密花香的高山草场，换取一层层的梯田和坡耕地，山变样了。"万丈高楼平地起"，城镇化高速发展又让原来人们根本"看不起"的山地变成了"香饽饽"，山峰被推平了，山谷被填平了，大山却消失得无影无踪。"要致富，先修路"，四通八达的现代化公路和铁路"所向披靡"，遇大山穿山而过，临小山劈山而行，曾经挺拔耸立的山要么被"开膛破肚"，要么被横割竖切，支离破碎。

破坏山的植被

从钻木取火到取暖煲食，从造房盖屋到修路架桥，人们无时无刻不在利用山中的林木资源。虽然植物资源是可再生的，但绝非取之不尽、用之不竭。在乱采滥伐、过度垦田、超载放牧的强大攻势下，一座座青翠的高山被"剃"成了光头，露出了薄薄的"皮肤"——表层土。没有了植物根系的保护，山薄薄的"皮肤"轻而易举地被雨水冲刷殆尽，导致严重的水土流失和岩石裸露、山体石化的石漠化。植被破坏还是山中动物的梦魇，它让动物们失去了天然的栖息地和庇护所，曾经的动物天堂变得静默死寂，

正在消失的山（蒋玺 摄）

动物种类、数量锐减，生物多样性在这里成了一个虚有的名词。长此以往，青山变成荒山，绿洲沦为沙漠。

山的愤怒

大文豪雨果早就说过："大自然既是善良的慈母，同时也是冷酷的屠夫。"人类不合理的活动对山造成伤害，山也会强行让人类付出代价。在人类无度的掠夺和伤害下，山终于不堪重负，忍无可忍，露出了它冷酷的一面。

地质灾害频发

地质灾害是山"报复"人类最直接的手段。矿山开采、工程建设开挖山体，常常使坡体下部失去支撑而发生地层变形，破坏了山体的稳定性；加上植被破坏，大大降低山体表层土壤的附着力。因此，在降水、地震、人工爆破等因素的催化下，地面沉降与塌陷、滑坡、泥石流等地质灾害在人类活动频繁的山区就成为"家常便饭"，而且常常带来巨大灾难。

被公路"切"开的山(蒋玺 摄)

  鄂西山区的十堰市就是一个生动的例子。这里本是一个偏僻安静的山区小镇,山体自然稳定,很少发生地质灾害。1970年第二汽车制造厂在这里破土动工,向山要地、开山削坡,修路建厂,数十年的开发把小镇变成了一个拥有几十万人口的中等工业城市。城市发展了,但环境地质问题却日渐突出,仅在1982年7月29日和30日两天,一场突来的暴雨就造成了353处滑坡、崩塌、泥石流,使人们的生产和生活遭到重大破坏。

  让我们记忆犹新的甘肃舟曲特大泥石流,与其说是"天灾",不如说是"人祸"。从前的舟曲,山上郁郁葱葱,素有"不二扬州"和"甘肃江南"的美誉。在遭受长达半个世纪的乱砍滥伐后,这里的森林覆盖率从二十世纪五十年代的67%,下降到现在的20%。再经大搞水电站和混乱开矿等工程活动的"轮番轰炸",舟曲的山"顶不住"了,只好以一次二十一世纪来最大的泥石流灾害发泄对人类的"不满"。

加剧其他环境问题

  山除了以地质灾害直接"报复"人类外,还通过加剧其他环境问题对人类产生更重大、更深远的环境影响。

山区植被的破坏加剧了水土流失，导致石漠化、荒漠化，它们是山对人类强取豪夺的严厉惩罚，其影响和意义比单纯的泥石流灾害要深远得多。人类历史上四大古文明——古巴比伦、古埃及、古印度和古黄河文明，都发育于森林茂密、水草丰盛的地方；而正因为文明的成长，破坏了那里的森林植被，导致文明的衰落和转移。例如，扎格罗斯山和波斯高原的森林草原被破坏，加剧了两河流域的沙化，让曾经繁华一时的巴比伦文明遭到毁灭性的打击。再看看黄河流域，原来水草肥美、枝繁叶茂的华夏文明发祥地，几千年后已是沟壑纵横的荒寂之地。

前面已经讲到，植被茂密的山还是一个个容量巨大的"水库"，而植物和土壤则是这座座水库中最重要的两个"储水器"。而今，乱砍滥伐不仅加剧了地表的水土流失，更破坏了山的储水功能，造成了大范围的水荒。水灾又是旱灾的"孪生兄弟"。失去土壤和植被，山就丧失了截留降水、调节径流和减轻涝旱的功能，导致无雨即旱、有雨则涝的局面。近几年我国西南山区持续的干旱缺水和全国大部分流域的洪涝灾害就是最好的例证。

其实，人与山"斗争"的胜负本来就是毫无悬念的。小学语文课本中《一个小村庄的故事》早已给出了答案："山谷中有一座环境优美的小村庄，山上的森林郁郁葱葱，村前河水清澈见底，天空湛蓝深远，空气清新甜润；人们靠着手头锋利的斧头，将树木一棵棵砍下来，建造房子、制造工具，过上了不错的日子。一年年，一代代，山坡上的树不断减少，裸露的土地不断扩大……终于在一场连续的大雨之后，咆哮的洪水将小村庄卷走了。"这个故事简单却生动，发人深省。

绿水青山　和谐天境

古话说："留得青山在，不怕没柴烧。"但长期以来，人们常常把"愚公移山""人定胜天""车到山前必有路"等不怕困难、积极向上的精神，演变为对大自然的绝对征服，铆足干劲、冲锋陷阵，"攻陷"了一个又一个

山头。猛然回头，才发现青山已不多，就快没柴烧了。现在，我们已该警醒，收起"人定胜天"的豪气，时刻记住"留得青山在，才能有柴烧"。

"痛定思痛"后的反思

人是大自然的宠儿，大自然赋予了人强大的力量和充分的自由，在数千年的历史长河中，人类的确也在不断完善自我，完成了一次又一次的自我超越。这时，人类开始盲目地认为自己能够征服自然，心中那份主宰自然的虚荣心日渐膨胀。一片片青山被抹平，一棵棵老树被放倒，取而代之的是一排排高楼和一座座烟囱。鸟鸣兽走的山林不见了，清澈见底的小溪消失了，换来的是瘠薄寡收的石山和恶臭扑鼻的臭水沟。曾经的绿水青山被折腾得千疮百孔、满目疮痍。

靠山吃山，靠水吃水，住在山边的人，习惯了嘴馋上山打猎，生病进山采药，缺地开山辟土，却没想到山区是地球上生态最脆弱的地区之一。随着人口增长和城市发展，无节制地向山索土要地，掠夺性地开荒种粮、开山采矿、滥挖药材、超载放牧、过度樵采，把山一步步推向生态崩盘的边缘。山又以地质灾害频发、水土流失加剧、生物种类锐减等一张张大大的"罚单"回敬人类的无知与贪婪，沉痛的教训让人们不得不反思自己的妄自尊大。

所幸，现代人已经认识到人类在大自然面前的渺小。1978年联合国环境与发展世界委员会发表了《我们共同的未来》一书，呼吁全世界关注环境问题；1992年在巴西里约热内卢召开的"联合国环境与发展大会"，让全世界掀起了可持续发展的热潮。

山地作为一种特殊的环境系统受到极大的关注，人们开始重新审视人与山的和谐相处。数十年来，我国先后出台了多部关于环境保护和治理的法律法规，其中与山地资源和环境相关的就有《中华人民共和国森林法》（1998年修改）、《中华人民共和国水土保持法》（1991年）、《中华人民共和国野生动物保护法》（1989年）、《中华人民共和国野生植物保护条例》（1996年）、《中华人民共和国城市规划法》（1989年）、《中华人民共和国土地管理法》（1998年）、《地质灾害防治条例》（2003年）、《中华人民共和国矿产资源法》（1986年）等10余部法律法规。不仅如此，各级研究机构

（如中国科学院水利部成都山地灾害与环境研究所、水土保持研究所，中国科学院寒区旱区环境与工程研究所、青藏高原研究所等）也正积极探索山区的可持续发展，开展山地环境治理和科学研究，为合理地利用山资源提供科学指导。

和谐是山文化的核心

从原始社会到农业文明时代，虽然生产力水平相对较低，人类活动对自然界的影响较小，但古人却认识到人与自然的和谐相处是生存之本。从神农时代的"春夏之所生，不伤不害"，大禹时代颁布的《禹禁》："春之日，山林不登斧，以成草木之长"；到《文子·七仁》里说的"先王之法，不涸泽之渔，不焚林而猎"；再到庄子提出的"天地与我并生，而万物与我为一"；孔子提倡的"天命论"，把"天命"奉为万物的主宰，要人们"尊天命""畏天命"；老子主张的"自然无为"，认为人在自然和社会面前是无能为力的。中国古代"天人合一"的思想，都体现了人与自然、人与山应保持一种统一、和谐的相处之道。

老一代跑山人（以采山货为生的人），则用自己的行动将这种和谐的生存之道演绎得淋漓尽致。野山参是很名贵的药材，跑山人采参定下了很多规矩：采出参后，要将参籽掩埋在挖出的地方；挖参出土称为"抬参"，而不说"刨出来"或"拿出来"；下山时多余的火、食、衣物等留在山上，以备别的跑山人或过路的人取用；不挖太小的山参；等等。这些古老朴实的规矩，正暗合了"不涸泽而渔，不焚林而猎"的和谐之道，让人与山、人与人和谐相处，生生不息。

所以，自古至今，和谐就是山文化的核心。下面我们从一老一新两个主题来看山文化的和谐之道。

从"仁者乐山"看人山和谐

"仁"是孔子学说的核心。

先看"仁"字，"二人相对"即为仁。"仁者爱人"表明仁者应该互相关爱，而绝非互相伤害。仁者大气、稳重、平和、不忧不惧，长寿永恒，这正与山的品格相符。山拔地而起，负势竞上，傲立云端，巍峨挺拔，气度非凡。山之仁在于稳定：无论生在哪里，山就在那里终此一生。天天看

云卷云舒，年年赏花开花落，山始终耸立不变，与世无争。山之仁在于平静，身高不言高，体厚不称厚；失意不失态，得意不忘形；居高临下却不盛气凌人，登高俯视而非目空一切。冬去春来，总能波澜不惊，寒来暑往，但求四时平安；任凭狂风暴雨，我自岿然不动。所以，孔夫子很早就告诫我们，要学习山的仁者品格，不役于物，也不伤于物，平静稳定，不为世物所动。只有这样，人才能爱别人，与人为善；爱山水，与万物同乐，达到人与人、人与山、人与大自然的和谐相处。

从"两座山"看和谐

现代人所追求的人与自然和谐、经济与社会和谐，可通俗地说成是"两座山"的和谐。这"两座山"——"金山银山"与"绿水青山"之间既有矛盾，又是辩证统一的。

在长期实践中，人们对"两座山"的认识经历了三个阶段。第一个阶段是用"绿水青山"去换"金山银山"。一味索取资源，忽视了环境的承载能力；经济发展了，生存的环境却退化了。第二个阶段是既要"金山银山"，也要保住"绿水青山"。这个阶段经济快速发展和资源匮乏、环境恶化之间的矛盾开始凸显出来，人们意识到环境是生存发展的根本，开始思考人与环境的和谐发展。到第三个阶段，人们已认识到"绿水青山"可以源源不断地带来"金山银山"。因为"绿水青山"本身就是"金山银山"，生态优势就是经济优势，体现了可持续发展的时代要求。

我们既要"金山银山"，更要"绿水青山"。"绿水青山"可以源源不断地产生出"金山银山"，"金山银山"又必须靠"绿水青山"来维持，这是一种人与自然浑然一体、和谐统一的关系，也正是科学发展观的核心思想。

山文化的特质

山，厚德载物，心胸宽大。《礼记·中庸》中论山："草木生之，禽兽居之，宝藏兴焉。"山向万物张开双臂，宽容仁厚，滋润着不知名的小草和参天大树，养育着微不足道的昆虫和珍稀的飞禽走兽；山将无数的宝藏默默地奉献给人类，而人类又以"靠山吃山"为起点，发展了源远流长、藏龙卧虎的山文化。那么，山文化又有哪些特质呢？笔者试作如下分析。

悠久的历史

山是人类文明的摇篮。人类最初寄居山洞，靠山中万物生存繁衍，萌生了对山的依恋、敬畏、崇拜乃至原始的审美观；又由于对山挺拔的外形、多变的气候及其对人类生产和生活的影响缺乏科学的认识，让这种敬畏和崇拜逐步演变为山神传说和民俗、宗教活动；随着社会的进步，人类从对山的亲近、感悟中，诞生了对自然山水的文化审美和科学认识，使山文化进入了一个崭新的发展时期。二三百年来自然科学的发展，开启了人们对山的形成、发展和演化的科学研究，推动了对山水审美的重新认识，使山文化成为地球科学文化乃至自然科学文化的重要组成部分。

自诞生起至今，人类经历了住山、吃山到敬山、拜山，再由看山、悦山到写山、画山，直到以科学的态度欣赏山、研究山的历程，谱写了由"靠山吃山"萌芽，到如今融合自然科学和人文科学的新世纪山文化的历史长卷。

强大的包容性

山的形成、发展和演化是地球活动在地表的表现形式，遵循相应的科学规律。山地科学是地球科学的重要组成部分，它与地理学、地质学、生物学、环境科学等学科交叉，使山文化显现出丰富的科学文化内涵。

山文化又是一种精神文化。以山为载体，人们对它的敬畏、亲近、欣赏和感悟，让山文化与宗教和民俗文化、民族文化、建筑文化以及语言、文字和艺术联姻，使山文化成为人类文化遗产中不可或缺的一员。

山文化更是科学和文化的有机结合体。山自有特殊的地质、地理和气候等科学上的特点；山文化的科学属性完美地与精神文化相融合，使茶文化、民俗民族文化、建筑文化、宗教文化、乡土文化、石文化、土文化和

水文化等多种文化从科学层面和精神层面上都深深地打上了山文化烙印。如前面谈到的高山—气候—土壤—名茶—长寿—宗教—建筑—名山等一系列的科学和文化的交融，使山文化成为一种独具特色的文化形态，彰显出名副其实的博大精深、藏龙卧虎的文化特质。

各具特色的地域性

山文化的地域性特质主要体现在由于山的地理位置、地形、气候、物产以及成因上的差异，而导致的不同区域的民俗、民风、建筑风格以及人们对山的态度等诸多方面的文化差异。譬如，由于秦岭的屏障作用，导致其南北产生了"南船北马""南稻北麦"等显著的民俗文化地域性特点。山的外形和区域气候特点也会导致人们对它的态度不同。例如，我国西部山区气候条件恶劣，山高坡陡，植被稀少，山体线条粗放大气，地质灾害频发。这些独特的自然环境不但形成了西部粗犷豪迈的民风，也造成了人们敬畏山、崇拜山的态度，才有了嘹亮而极具穿透力的藏族民歌以及陕北高亢的信天游和秦腔。而在我国东部、南部，气候温暖湿润，山在茂密的植被和潺潺溪流的点缀下更显玲珑清秀，从而塑造了南方人温文儒雅和细

高大雄壮的山——云南丽江（刘嘉麒　摄）

秀美的绿水青山——广西桂林（倪集众 提供）

腻多情的性格特点，对山则持有更多欣赏、赞美的态度，不能不说艺术中细声柔语的越剧和粤剧与温柔的性格有关。西方人对山多有征服的欲望，由此产生了大量的山地运动；而中国人更多地从审美的角度出发，对山产生叹服、愉悦，让中国山水画、山水诗蜚声海内外。这就是传统文化差异导致的山文化显著的地域性特质。

富有时代特征的创新性

山文化起源于山的自然属性，包括山的地形、物产、气候等自然要素。人类对山的物质需求诞生了山文化。这个阶段，虽然已经萌芽了精神层面上的原始文化理念，但山文化内容主要还是体现在物质层面上，即人类利用山的自然要素生存发展。譬如原始人寄居山洞、猎获山中动植物等，体现了"靠山吃山"中的"吃山"因素。

随着人类文明的进步，山文化逐步迈向物质层面和精神层面共同发展的阶段。此时，人类不仅利用山的自然要素，更从对山的亲近中产生欣赏、愉悦和感悟，赋予了山文化更多精神层面上的文化特点。尤其是文字的出

现，使山文化在与宗教文化、民族民俗文化、建筑文化、石文化、水文化等长期的融合中通过各种精神层面的文化形式得以广泛传播。这个时候逐渐体现出"靠山吃山"中的"靠山"因素，这里的"靠山"增加了依靠、依恋和相依为命的人文因素。

近几个世纪以来，随着工业革命和自然科学的发展，人类对自然资源的需求空前膨胀，开始从山的自然科学性研究山、利用山，把山文化从物质层面和精神层面并存推到了一个新的高度。但此时对山的研究更多的是以利用山资源为目的，所以山文化在物质层面上的文化特质更为突出。

今天，"和谐"成为发展的主题，山文化又酝酿了更丰富的时代内涵，人与山的和谐成为山文化的核心，要求我们在利用山资源的过程中，以科学的态度保护山、研究山的价值，山的科学与文化作用超越了经济的作用。

总之，山文化的发展过程就是人类利用自然、改造自然到重新审视人与自然关系的历史过程，山文化不断与其他自然科学和文化内涵的融合，形成了今天多姿多彩、极富时代创新性的特质。